CLASSIQUES LAROUSSE

Collection fondée en 193...
continue...
LÉON LEJEALLE (1949 à 1968)...
Agrégé de...

RACINE

PHÈDRE

tragédie

avec une Notice biographique, une Notice historique et littéraire,
des Notes explicatives, une Documentation thématique,
des Jugements, un Questionnaire et des Sujets de devoirs,

par
MICHEL AUTRAND
Ancien élève de l'École normale supérieure
Agrégé des Lettres

LIBRAIRIE LAROUSSE
17, rue du Montparnasse, 75298 PARIS

RÉSUMÉ CHRONOLOGIQUE
DE LA VIE DE RACINE
1639-1699

1639 — **Jean Racine,** fils de Jean Racine, greffier du grenier à sel et procureur, et de Jeanne Sconin, est tenu sur les fonts baptismaux, le 22 décembre, à La Ferté-Milon, par Pierre Sconin, son grand-père maternel, et par Marie des Moulins, sa grand-mère paternelle.

1641 — Mort de la mère de Racine (28 janvier).

1643 — Son père meurt (6 février), ne laissant que des dettes; Racine est alors recueilli par sa grand-mère des Moulins, dont la fille Agnès (née en 1626) devait devenir abbesse de Port-Royal sous le nom de « Mère Agnès de Sainte-Thècle ».

1644-1645 — Le jeune Racine est recueilli à Port-Royal, sur les instances de la Mère Agnès.

1649-1653 — A la mort de son mari, en 1649, Marie des Moulins prend le voile à Port-Royal; Racine est élève aux **Petites Ecoles de Port-Royal.**

1654-1655 — Racine est envoyé dans un « collège » parisien, nommé « collège de Beauvais ».

1655-1658 — Racine est rappelé à l'**école des Granges**, à Port-Royal, où il reçoit une forte **culture grecque**, sous la direction de Lancelot, et **latine**, sous celle de Nicole, tandis que M. Le Maître forme son goût et sa sensibilité littéraires.

1658 — Racine va faire une année de logique au collège d'Harcourt, à Paris.

1659-1661 — Racine, à Paris, retrouve Nicolas Vitard, cousin germain de son père et secrétaire du duc de Luynes, janséniste austère; il rencontre La Fontaine, avec qui il restera lié. Anxieux de plaire et de réussir, il sollicite les conseils poétiques de Chapelain, de Perrault. Il publie, en 1660, *la Nymphe de la Seine,* ode sur le mariage du roi, qui lui vaut une gratification de 100 louis.

1661 — Déçu par le refus de deux pièces de théâtre qu'il vient d'écrire, Racine se rend à **Uzès** (novembre), auprès de son oncle, le chanoine Sconin, vicaire général, dans l'espoir d'obtenir un bénéfice ecclésiastique. Il mène une vie austère, s'applique à la dévotion et s'ennuie.

1663 — N'ayant rien obtenu d'important à Uzès, Racine, déçu, revient à Paris, où il compose une ode *Sur la convalescence du roi,* puis *la Renommée aux Muses,* ode qui lui vaudra, deux ans plus tard, de figurer sur la première liste officielle de gratifications pour 600 livres. **Il se lie avec Boileau;** c'est le début d'une longue et sincère amitié.

***

1664 — *La Thébaïde,* tragédie jouée par Molière au Palais-Royal, sans grand succès, marque les débuts de Racine à la scène (20 juin).

1665 — *Alexandre,* tragédie, obtient un vif succès au Palais-Royal, théâtre de Molière (4 décembre); Racine, quelques jours après, la retire et la donne, le 18, à l'Hôtel de Bourgogne. Racine **se brouille avec Molière** et passe pour un froid ambitieux, « capable de tout ».

1666 — Racine, ripostant aux *Visionnaires* de Nicole par deux âpres *Lettres* — dont une seule est publiée —, rompt avec Port-Royal (janvier). « Racine est maintenant un isolé, entouré de la réprobation générale » (A. Adam).

1667 — Racine fréquente le cercle d'Henriette d'Angleterre; lié à la Du Parc, il fait jouer, le 17 novembre, la tragédie d'***Andromaque.***

1668 — *Les Plaideurs,* comédie (novembre).

1669 — *Britannicus,* tragédie (13 décembre). Racine s'oppose à Corneille.

© *Librairie Larousse,* 1971.   ISBN 2-03-870144-X

1670 — Racine mène une vie assez agitée. Il fréquente chez Mme de Montespan. Le 21 novembre, sa tragédie *Bérénice* est représentée.

1672 — *Bajazet,* tragédie (janvier).

1673 — *Mithridate,* tragédie (début janvier). Le 12, Racine est reçu à l'Académie française, où cependant le parti des Modernes recueillait la majorité. Il vit dans une confortable aisance.

1674 — *Iphigénie en Aulide,* tragédie (18 août). — La même année, Racine est nommé trésorier de France en la généralité des finances de Moulins : il en touche un traitement considérable, est anobli, sa noblesse étant transmissible. Racine, en rivalité avec Pradon, partisan de Corneille, cabale contre lui avec succès par deux fois.

1677 — *Phèdre,* tragédie, présentée en même temps qu'une tragédie de Pradon sur le même sujet (1er janvier). Une suite de sonnets, contradictoires et injurieux, circule. Condé apaise difficilement l'affaire.

En même temps, Racine **se réconcilie** officiellement **avec Port-Royal;** sa « conversion » est sincère, certaine, mais sans paraître soudaine : il avait amorcé la réconciliation longtemps auparavant.

Le 30 mai, Racine épouse Catherine de Romanet, riche bourgeoise parisienne, dont il aura sept enfants; Condé, Colbert, le duc de Luynes et plusieurs membres de la famille Lamoignon assistent, comme témoins, à la signature du contrat. En automne de la même année, Racine est nommé **historiographe du roi,** avec Boileau : l'un et l'autre doivent se consacrer tout entiers à leur nouvelle fonction. Il devient également conseiller du roi.

***

1678 — Racine et Boileau accompagnent le roi dans sa campagne contre Gand et Ypres (mars). Racine s'introduit parmi les amis de Mme de Maintenon.

1683 — Racine et Boileau accompagnent le roi en Alsace.

1685 — Racine, directeur de l'Académie française, reçoit Thomas Corneille, succédant à son frère et fait l'éloge de Pierre Corneille (janvier).

1687 — Racine accompagne le roi au Luxembourg.

1689 — Première représentation d'*Esther,* pièce sacrée **commandée par** Mme **de Maintenon** pour les « demoiselles de Saint-Cyr » (26 janvier).

1690 — Racine est nommé « gentilhomme ordinaire du roi » (décembre), charge qui, en 1693, devient héréditaire par faveur insigne.

1691 — Représentation, à Saint-Cyr, d'*Athalie* (janvier).

1691-1693 — Racine accompagne le roi aux sièges de Mons et de Namur.

1692 — Naissance de Louis Racine, septième et dernier enfant de Racine (2 novembre).

1693 — Racine commence l'*Abrégé de l'histoire de Port-Royal.*

1696 — Racine est nommé conseiller-secrétaire du roi (février).

1697-1698 — Les relations de Racine avec le roi et avec Mme de Maintenon se refroidissent quelque peu, sans que l'on puisse préciser avec certitude la raison et l'importance de cette demi-disgrâce.

1698 (printemps) — Racine tombe malade : les médecins parlent d'une tumeur.

1699 — **Mort** de Racine à Paris (21 avril). Conformément à son vœu, il est **enterré à Port-Royal.**

1711 — Les cendres de Racine, ainsi que celles de Pascal, sont transférées à Saint-Etienne-du-Mont (2 décembre).

Racine avait trente-trois ans de moins que Corneille; dix-huit ans de moins que La Fontaine; dix-sept ans de moins que Molière; treize ans de moins que Mme de Sévigné; douze ans de moins que Bossuet; trois ans de moins que Boileau; six ans de plus que La Bruyère; douze ans de plus que Fénelon; dix-huit ans de plus que Fontenelle et trente-six ans de plus que Saint-Simon.

RACINE ET SON TEMPS

	la vie et l'œuvre de Racine	le mouvement intellectuel et artistique	les événements historiques
1639	Naissance de Jean Racine à La Ferté-Milon (22 décembre).	Fr. Mainard : Odes. G. de Scudéry : Eudoxe, tragi-comédie. Vélasquez : Crucifixion.	Paix de Berwick entre l'Ecosse et l'Angleterre. Révolte des « va-nu-pieds » en Normandie.
1655	Fréquentation de l'école des Granges, à Port-Royal.	Molière : représentation de l'Étourdi à Lyon. Pascal se retire à Port-Royal des Champs (janvier).	Négociations avec Cromwell pour obtenir l'alliance anglaise contre l'Espagne.
1658	Départ de Port-Royal ; une année de logique au collège d'Harcourt.	Arrivée de Molière à Paris ; il occupe la salle du Petit-Bourbon.	Victoire des Dunes sur les Espagnols. Mort d'Olivier Cromwell.
1660	Ode sur la Nymphe de la Seine, pour le mariage de Louis XIV.	Molière : Sganarelle ou le Cocu imaginaire. Quinault : Stratonice (tragédie). Bossuet prêche le carême aux Minimes.	Mariage de Louis XIV et de Marie-Thérèse d'Autriche. Restauration des Stuarts.
1661	Voyage à Uzès.	Molière : l'École des maris ; les Fâcheux. La Fontaine : Élégie aux nymphes de Vaux.	Mort de Mazarin (8 mars). Arrestation de Fouquet (5 septembre).
1663	Retour à Paris. Odes: la Convalescence du roi; la Renommée aux Muses.	Corneille : Sophonisbe. Molière : la Critique de « l'École des femmes ».	Invasion de l'Autriche par les Turcs.
1664	La Thébaïde.	Corneille : Othon. Molière : le Mariage forcé. Interdiction du premier Tartuffe.	Condamnation de Fouquet après un procès de quatre ans.
1665	Alexandre. Brouille avec Molière.	La Fontaine : Contes et Nouvelles. Mort du peintre N. Poussin.	Peste de Londres.
1666	Lettres contre Port-Royal.	Corneille : Agésilas. Molière : le Misanthrope; le Médecin malgré lui. Boileau : Satires (I à VI). Furetière : le Roman bourgeois. Fondation de l'Académie des sciences.	Alliance franco-hollandaise contre l'Angleterre. Mort d'Anne d'Autriche. Incendie de Londres.
1667	Andromaque.	Corneille : Attila. Milton : le Paradis perdu. Naissance de Swift.	Conquête de la Flandre par les troupes françaises (guerre de Dévolution).

1668	Les Plaideurs.	Molière : Amphitryon ; George Dandin ; l'Avare. La Fontaine : Fables (livres I à VI). Mort du peintre Mignard.	Fin de la guerre de Dévolution : traités de Saint-Germain et d'Aix-la-Chapelle. Annexion de la Flandre.
1669	Britannicus.	Molière représentation du Tartuffe. Th. Corneille : la Mort d'Annibal. Bossuet : Oraison funèbre d'Henriette de France.	
1670	Bérénice.	Corneille : Tite et Bérénice. Molière : le Bourgeois gentilhomme. Édition des Pensées de Pascal. Mariotte découvre la loi des gaz.	Mort de Madame. Les États de Hollande nomment Guillaume d'Orange capitaine général.
1672	Bajazet.	P. Corneille: Pulchérie. Th. Corneille: Ariane. Molière : les Femmes savantes.	Déclaration de guerre à la Hollande. Passage du Rhin (juin).
1673	Mithridate. Réception à l'Académie française.	Mort de Molière. Premier grand opéra de Lully : Cadmus et Hermione.	Conquête de la Hollande. Prise de Maestricht (29 juin).
1674	Iphigénie en Aulide.	Corneille : Suréna (dernière tragédie). Boileau : Art poétique. Pradon : Pyrame et Thisbé, tragédie. Malebranche : De la recherche de la vérité.	Occupation de la Franche-Comté par Louis XIV. Victoires de Turenne à Entzheim sur les Impériaux, et de Condé à Seneffe, sur les Hollandais.
1677	Phèdre. Nommé historiographe du roi, il renonce au théâtre. Mariage.	Spinoza : Éthique. Newton découvre le calcul infinitésimal et Leibniz le calcul différentiel.	Victoires françaises en Flandre (prise de Valenciennes, Cambrai). Début des négociations de Nimègue.
1683	En Alsace avec le roi et les armées.	Quinault : Phaéton, opéra. Fontenelle : Dialogues des morts. P. Bayle: Pensées sur la comète.	Mort de Colbert. Hostilités avec l'Espagne : invasion de la Belgique par Louis XIV. Victoire de J. Sobieski sur les Turcs.
1689	Esther.	Fénelon, précepteur du duc de Bourgogne. Bossuet : Avertissements aux protestants.	Guerre de la ligue d'Augsbourg : campagne du Palatinat.
1691	Athalie.	Campistron : Tiridate, tragédie. Dancourt : la Parisienne, comédie.	Mort de Louvois. Prise de Nice et invasion du Piémont par les Français.
1699	Mort de Racine (21 avril) à Paris.	Dufresny : Amusements sérieux et comiques Fénelon : Aventures de Télémaque.	Condamnation du quiétisme.

BIBLIOGRAPHIE SOMMAIRE

OUVRAGES GÉNÉRAUX SUR RACINE

Thierry Maulnier — *Racine* (Paris, Gallimard, 1935).

Paul Bénichou — *Morales du Grand Siècle* (Paris, Gallimard, 1948).

Antoine Adam — *Histoire de la littérature française au XVIIe siècle*, tome IV (Paris, Del Duca, 1954).

Jean Pommier — *Aspects de Racine*, suivi de l'histoire littéraire d'un couple tragique (Phèdre et Hippolyte) [Paris, Nizet, 1954].

Raymond Picard — *la Carrière de Jean Racine* (Paris, Gallimard, 1956).

Maurice Descotes — *les Grands Rôles du théâtre de Jean Racine* (Paris, P. U. F., 1957).

René Jasinski — *Vers le vrai Racine* (Paris, A. Colin, 1958, 2 vol.).

Roland Barthes — *Sur Racine* (Paris, Seuil, 1963).

Marcelle Blum — *le Thème symbolique dans le théâtre de Racine* (Paris, Nizet, 1962-1965, 2 vol.).

Revel Elliot — *Mythe et légende dans le théâtre de Racine* (Paris, Lettres modernes, 1969).

Jean-Jacques Roubine — *Lectures de Racine* (Paris, A. Colin, 1971).

Alain Niderst — *Racine et la tragédie classique* (Paris, P. U. F., 1978).

Jean-Louis Backès — *Racine* (Paris, Seuil, 1981).

SUR « PHEDRE »

Thierry Maulnier — *Lecture de « Phèdre »* (Paris, Gallimard 1942).

Jean-Louis Barrault — *Phèdre* (coll. « Mises en scène », Paris, Seuil, 1946).

Charles Dédeyan — *la « Phèdre » de Racine* (Paris, C. D. U., 1956).

Jean de Bazin — *Phèdre. Stylistique. Vocabulaire* (Paris, Nizet, 1971).

PHÈDRE
1677

NOTICE

CE QUI SE PASSAIT EN 1677

■ *EN POLITIQUE.* En France : *Louis XIV reprend en personne la guerre de Flandre (20 février). Prise de Valenciennes et de Cambrai. Victoire du duc d'Orléans sur le prince d'Orange au mont Cassel (11 avril). Reddition de Saint-Omer (20 avril). Prise de Fribourg par le maréchal de Créqui.*

En Espagne : Charles II éloigne sa mère et prend pour ministre son oncle don Juan d'Autriche.

■ *EN LITTÉRATURE.* En France : *Boileau publie l'Epître VII. Quinault fait jouer Isis, tragédie lyrique, musique de Lully.*

En Angleterre : Crowne, Destruction of Jerusalem (la Destruction de Jérusalem), tragédie. Lee, Rival Queens (les Reines rivales), tragédie. Webster, The displaying of supposed witchcraft (la Sorcellerie démasquée), traité de démonologie.

■ *DANS LES SCIENCES : Newton découvre le calcul Infinitésimal, qu'il appelle « calcul des fluxions ». Leibniz trouve le calcul différentiel.*

REPRÉSENTATIONS DE « PHÈDRE »

La première représentation de *Phèdre* eut lieu le 1er janvier 1677, non à Versailles devant le roi et Mme de Montespan, comme le rapporte un manuscrit de Brossette, mais, d'après un autre témoignage, plus digne de foi, du même auteur, à Paris, sur le théâtre et par la troupe de l'Hôtel de Bourgogne. C'est la Champmeslé qui créa le rôle de Phèdre. De nombreux témoins, dont La Fontaine au début du conte de *Belphégor*, ont célébré son étonnante maîtrise. L'abbé Du Bos nous apprend que « Racine lui-même avait enseigné à la Champmeslé la déclamation du rôle de Phèdre, vers par vers ». Mlle d'Ennebaut jouait Aricie, Champmeslé et le jeune Baron, sans doute, les rôles de Thésée et d'Hippolyte.

Cette dernière tragédie profane de Racine fut dans ses débuts un demi-échec. Contre elle, une cabale puissante soutenait une tragédie rivale sur le même sujet : la *Phèdre* d'un jeune ambitieux, Pradon. Dès le 3 janvier, deux jours après la création de celle de Racine à l'Hôtel de Bourgogne, l'Hôtel de Guénégaud créait cette nouvelle pièce. Le complot partait de l'Hôtel de Bouillon, un des plus brillants de Paris, accoutumé à donner le ton, à faire ou à détruire les réputations. Orgueilleuse et spirituelle, la duchesse de Bouillon, une des nièces de Mazarin, ainsi que son frère, Philippe Mancini, duc de Nevers, et, autour d'eux, toute une coterie d'écrivains médiocres et de beaux-esprits avaient résolu, par jalousie ou hostilité envers Racine, de faire échouer sa pièce. On a même cru longtemps, en particulier sur le témoignage de Louis Racine, que la duchesse et son frère allèrent jusqu'à louer toutes les premières loges aux six premières représentations des deux pièces pour pouvoir décider de leur sort.

Ce qu'il y a de sûr, c'est qu'une guerre d'épigrammes s'engagea entre les ennemis du poète et ses partisans. Un premier sonnet injurieux partit du salon de Mme Deshoulières, qui avait présenté Pradon à la duchesse de Bouillon. Des personnages de la Cour, amis dangereux pour Racine, y répondirent par un second sonnet bâti sur les mêmes rimes et insultant pour le duc de Nevers. C'est alors que le Grand Condé lui-même dut intervenir pour apaiser la colère de ce dernier et le persuader que ce sonnet n'était pas, comme il le croyait, l'œuvre de Racine et de Boileau. Deux autres sonnets coururent encore : l'un d'eux menaçait même les deux poètes du bâton. Mais si, peu à peu, le calme revint, cette affaire avait profondément affecté Racine, qui connut même, dit-on, des moments de désespoir en voyant dans le même temps sa pièce compromise par le vif succès de celle de Pradon. Pour réconforter son ami, Boileau lui adressa alors dans les semaines qui suivirent l'hommage public de son *Épître VII*, « A Racine, sur l'utilité des ennemis ».

Le succès de Pradon se prolongea quelque temps encore. Du mois de janvier au mois de mai, sa pièce fut jouée une vingtaine de fois, puis elle disparut pour toujours. La tragédie de Racine, au contraire, reste un des chefs-d'œuvre les plus joués. De 1680 à 1967, elle a eu, à la Comédie-Française, 1 350 représentations.

ANALYSE DE LA PIÈCE

(Les scènes principales sont indiquées entre parenthèses.)

■ *ACTE PREMIER*. **Les deux aveux d'amour.**

Hippolyte apprend à Théramène qu'il va partir à la recherche de Thésée disparu ; du même coup, il s'éloignera d'Aricie, qu'il avoue aimer malgré l'interdiction du roi **(scène première)**. Œnone vient annoncer l'approche de Phèdre et demande qu'on les laisse seules. Phèdre apparaît, mourante, et, cédant aux supplications de sa nourrice, finit par avouer la cause de son mal : elle aime Hippolyte, elle ne veut plus vivre **(scène III)**. Mais on apporte la nouvelle de la mort de Thésée, et Œnone obtient que sa maîtresse renonce à mourir.

■ *ACTE II.* **Les deux déclarations d'amour.**

Ismène annonce à Aricie une visite d'Hippolyte et dit avoir deviné l'amour du jeune prince pour sa maîtresse. Aricie, heureuse, reconnaît qu'elle l'aime aussi. Hippolyte vient alors lui offrir de succéder à Thésée en régnant sur l'Attique, mais il glisse bientôt à une déclaration d'amour **(scène II)**. Théramène rompt l'entretien : la reine veut parler au prince. Elle commence par lui recommander son fils, mais, entraînée malgré elle par sa passion, elle en arrive, elle aussi, à déclarer son amour. Devant le saisissement et la honte du jeune homme, Phèdre lui prend son épée pour se suicider. Œnone l'en empêche et l'emmène, tenant encore le fer **(scène V)**. Cependant, Théramène vient d'apprendre qu'on parle du retour de Thésée.

■ *ACTE III.* **Le retour du roi.**

Phèdre accepte sa passion et les conséquences de son aveu. Rejetant les sages conseils d'Œnone, elle décide de tout mettre en œuvre pour séduire Hippolyte, qu'elle imagine ambitieux, et lui envoie sa nourrice lui proposer le trône **(scène première)**. Cette dernière revient aussitôt. Thésée est de retour. Phèdre, désespérée, ne songe qu'à mourir. Œnone, pour l'en empêcher, lui conseille de prendre les devants et d'accuser Hippolyte. D'abord indignée, la reine, dans son trouble au moment où elle voit Thésée et son fils, s'en remet à Œnone **(scène III)** et se retire après quelques paroles ambiguës à son mari **(scène IV)**. Surpris et inquiet, Thésée finit par menacer son fils et sort pour aller interroger Phèdre **(scène V)**. Hippolyte reste désemparé.

■ *ACTE IV.* **La condamnation d'Hippolyte.**

Œnone vient d'accuser Hippolyte : l'épée du jeune homme a servi de preuve contre lui. Thésée accable son fils d'imprécations et demande à Neptune de le punir. Hippolyte se défend sans accuser Phèdre et, pour détromper son père, finit par lui avouer qu'il aime Aricie. Mais Thésée n'y voit qu'une feinte et chasse son fils **(scène II)**. Phèdre vient alors demander au roi la grâce du jeune homme : elle est sur le point de révéler la vérité quand Thésée lui apprend l'amour d'Hippolyte pour Aricie. Cette nouvelle foudroie la reine **(scène IV)**. Thésée sorti, elle s'abandonne à sa jalousie, seule d'abord **(scène V)**, puis en présence d'Œnone. Mais l'énormité de sa faute l'accable, et, bouleversée de remords, elle chasse sa nourrice en la maudissant **(scène VI)**.

■ *ACTE V.* **Les deux morts.**

Hippolyte explique à Aricie pourquoi il n'a pas dit la vérité à son père et, sûr qu'à son exemple elle ne parlera pas, il obtient qu'elle l'accompagne dans son exil et l'épouse **(scène première)**. Le prince sorti, Aricie, sans éclairer Thésée, l'inquiète par des allusions indignées et part rejoindre son amant **(scène III)**. Le trouble du roi grandit. Il apprend successivement que la reine est au plus mal, qu'Œnone s'est jetée dans la mer, et, au moment où il supplie Neptune de ne pas l'exaucer, Théramène vient lui apprendre la mort du jeune homme et le désespoir d'Aricie **(scène VI)**. Aux yeux du roi accablé apparaît alors Phèdre. Elle veut parler, elle avoue sa faute et meurt sur scène d'un poison qu'elle a pris **(scène VII)**.

LES SOURCES

Dans la Préface de *Phèdre*, s'il nomme Sénèque au passage et fait une allusion à ses prédécesseurs français, c'est chez Euripide avant tout que Racine déclare avoir pris le sujet de sa pièce. Il a cependant profondément transformé l'original grec. Dans *Hippolyte porte-couronne*, comme le titre l'indique, c'est Hippolyte le personnage principal, et l'aspect religieux est essentiel : il y a comme un duel entre les deux déesses rivales, Aphrodite et Artémis, qui poussent les mortels, la première à aimer, la seconde à résister à l'amour; on les voit toutes deux sur scène. Racine n'en gardera que la présence invisible de Vénus. C'est parce qu'Hippolyte la dédaigne et pour se venger de lui qu'Aphrodite inspire à la malheureuse Phèdre un amour criminel, que la nourrice de la reine révèle au jeune homme. Phèdre se pend avant le retour de son mari. Mais un écrit trouvé dans les mains de la morte trompe Thésée, qui maudit son fils. Après la catastrophe, Hippolyte est rapporté sur scène, où, après une longue déploration, il meurt dans les bras de son père. En définitive, avec de nombreux traits du récit final, Racine ne doit guère au poète grec que deux scènes essentielles : celle où la nourrice arrache à Phèdre l'aveu de son amour et celle où Thésée maudit son fils.

Moins avouée, l'influence de Sénèque équilibre au moins celle d'Euripide dans la tragédie de Racine. C'est à l'écrivain latin que Racine doit l'importance du personnage de Phèdre : elle déclare elle-même son amour à Hippolyte; c'est sa mort et non celle d'Hippolyte qui, par un suicide sur la scène, marque le terme de l'action. Et jusque dans le détail aussi de nombreux vers rappellent le texte de Sénèque, particulièrement dans le récit de Théramène.

La dette de Racine envers l'*Hippolyte* de Garnier (1573) et celui de La Pinelière (1635) semble en revanche à peu près nulle, ces deux tragédies s'inspirant elles-mêmes beaucoup de Sénèque : La Pinelière commence cependant à moderniser le personnage d'Hippolyte. En 1647, dans une nouvelle pièce, sacrifiant aux convenances, comme plus tard Pradon, Gilbert ne fait plus de Phèdre que la fiancée de Thésée et rend même Hippolyte amoureux d'elle, ce qui dénature tout à fait le sujet. Chez Bidar, en 1675, c'est d'une autre jeune fille, Cyane, qu'Hippolyte est amoureux, d'où peut-être chez Racine l'idée du personnage d'Aricie. Enfin, deux autres pièces ont pu orienter Racine vers la légende de Phèdre : le *Bellérophon* de Quinault (1671), dont la situation et les caractères rappellent de façon précise ceux de *Phèdre,* et l'*Ariane* de Thomas Corneille, toute dominée par l'idée des fatalités de l'amour, dans laquelle Phèdre, égarée, dévorée de remords, trahit sa sœur et avoue sa passion à son beau-frère.

Pour l'essentiel, cependant, c'est bien aux sources antiques que Racine a directement puisé. Outre Euripide et Sénèque, jusque dans le détail, les réminiscences d'autres auteurs sont fréquentes : d'Ovide, Racine connaissait l'épître de Phèdre à Hippolyte dans les *Héroïdes;* pour la peinture de la passion, plusieurs traits viennent d'une traduction de Sapho, faite par Boileau, et des *Magiciennes,* de Théocrite; mais le grand poète dont Racine est tout imprégné reste Virgile : l'amour de Phèdre doit beaucoup à celui de Didon, et le monstre final, aux serpents de Laocoon.

Il va sans dire, bien sûr, que, tant pour la conduite de l'action ou la peinture des caractères que pour l'atmosphère poétique et la beauté des vers, l'examen de ces sources ne sert qu'à faire ressortir l'originalité et l'unité saisissante de l'univers tragique créé par Racine.

L'ACTION

Toute l'action de la pièce est subordonnée au personnage de Phèdre. Le vers 242 nous montre très clairement comment elle est construite, lorsque, prévoyant son destin, Phèdre dit à sa nourrice : *Je n'en mourrai pas moins, j'en mourrai plus coupable.* Comme le *Misanthrope* sur une entrevue retardée, *Phèdre* repose sur une mort sans cesse différée. Alors que Phèdre est, dès son entrée en scène, décidée à mourir, toutes les fois un événement nouveau vient la retenir dans la vie, et toutes les fois pour son plus grand malheur et sa plus grande faute. Ce ne sont que sursis qui la font toujours plus criminelle.

A l'acte premier d'abord, Œnone, par un chantage au suicide, force sa maîtresse mourante à lui révéler son secret : Phèdre parle; elle est donc plus coupable, mais toujours résolue à mourir. On annonce alors la mort de Thésée; d'où l'entrevue de l'acte II avec Hippolyte, et Phèdre franchit une nouvelle étape : elle déclare sa passion au jeune prince; là encore, seule l'intervention d'Œnone la sauve du suicide. A peine Phèdre vient-elle d'accepter son être de femme coupable que, troisième événement, le retour de Thésée à l'acte III l'accable au point qu'elle se laisse aller à consentir à la perte d'un innocent : nouvelle aggravation de sa faute. Quatrième événement, elle apprend à l'acte IV l'amour d'Hippolyte pour Aricie et, torturée de jalousie, se prépare à perdre elle-même Aricie devant Thésée. C'est là le sommet de la pièce, la dernière des quatre stations du calvaire de Phèdre : elle a successivement révélé son monstrueux secret à sa nourrice, déclaré à Hippolyte sa passion incestueuse, accepté la punition d'un innocent et voulu la perte d'une innocente. Et, à l'acte V, après avoir touché le fond du crime, elle vient enfin subir à nos yeux cette mort que, depuis le début, elle appelait de ses vœux.

Chaque acte est ainsi marqué par un événement essentiel pour Phèdre. Mais si c'est bien autour d'elle que s'ordonne toute l'action de la pièce, ce n'est pourtant pas elle qui agit; du début à la fin, être passif, elle ne fait que subir; ses actes ne sont que des réponses à une action extérieure qui s'exerce sur elle. Seulement, l'acteur principal de la pièce reste invisible : c'est la divinité et les formes multiples qu'elle prend, Vénus ou les dieux en général (voir vers 277-278, 681-682). C'est là l'être qui a condamné Phèdre et toute sa race, qui fait annoncer la mort du roi, le fait revenir ensuite au moment opportun; comme un véritable personnage, il est l'objet des préoccupations constantes, des apostrophes répétées des héros (voir Lexique à *Dieu*), il se fait une « gloire cruelle » de « séduire » de malheureux humains. Cette force noire et toute personnelle ressemble beaucoup au Satan de la religion chrétienne, à tel point que la prière de Phèdre à Vénus (vers 813-882) fait songer aux messes noires que faisaient célébrer de grandes dames de la cour de Louis XIV pour conquérir ou conserver le cœur d'un amant. Et voilà pourquoi il est maladroit de voir dans la fausse mort de Thésée et son retour des événements extérieurs aux personnages, purs artifices destinés à nous faire approfondir le caractère de Phèdre. En fait, ces événements, qui constituent l'action, sont la conséquence directe des sentiments de l' « Invisible Présence noire » contre laquelle, tout au long de la pièce, Phèdre livre un combat désespéré. Ainsi, l'action de *Phèdre* reste-t-elle parfaitement conforme à l'idéal tragique défini par Racine dans la Préface de *Britannicus* : « [...] une action simple, chargée de peu de matière, telle que doit être une action qui se passe en un seul jour, et qui, s'avançant par degrés vers sa fin, n'est soutenue que par les intérêts, les sentiments et les passions des personnages. »

Thésée, Hippolyte et Aricie ne sont plus dès lors que des moyens dont la divinité se sert dans sa lutte contre Phèdre. Cependant, il est remarquable de voir comment, dans la construction de sa pièce, Racine utilise le personnage d'Hippolyte. Dans les deux premiers actes, il établit un parallèle rigoureux entre les conduites d'Hippolyte et de Phèdre : à l'acte premier, Hippolyte annonce son départ et finit par avouer à son confident qu'il aime, et d'un amour coupable; aussitôt après, Phèdre annonce sa mort et finit par avouer à sa confidente qu'elle aime, et d'un amour coupable. A l'acte II, Hippolyte vient offrir le trône à la personne qu'il aime et, malgré lui, finit par lui déclarer son amour; aussitôt après, Phèdre vient offrir le trône au prince qu'elle aime et, malgré elle, finit par lui déclarer son amour. Hippolyte sert ainsi chaque fois à préparer l'entrée de Phèdre, et voilà pourquoi sans doute Racine a doté son héros, contrairement à la légende, d'une passion amoureuse et, contrairement à ses devanciers, d'une passion coupable (voir la Préface de *Phèdre*). Il y a dans cette symétrie de construction des deux premiers actes une remarquable idée dramatique de Racine, qui fait ainsi apparaître plus universelle, plus inexorable, la terrible puissance de la divinité méchante qui accable ces malheureux mortels.

Telle quelle, l'action de *Phèdre*, soutenue et haletante, reste une des meilleures qu'ait conçues Racine. A peine les censeurs les plus rigoureux ont-ils trouvé quelque anomalie dans la rapidité des dernières scènes, où le récit de Théramène paraît suivre d'un peu trop près la sortie de scène d'Aricie. C'est que, comme Junie dans *Britannicus*, Racine ne tenait pas à garder Aricie en scène pour la fin, et cet effet d'accélération reste en fait dans les limites des conventions théâtrales, puisqu'il passe inaperçu à la scène.

LES CARACTÈRES

Tous les caractères dans la pièce de *Phèdre* pâlissent devant celui de l'héroïne. Sans qu'il les ait sacrifiés, c'est par rapport à elle que Racine les a conçus; c'est dans la mesure où ils la touchent, où ils ressemblent à la reine qu'ils vivent, nous intéressent. De ce point de vue, *Phèdre* est la pièce la moins équilibrée que Racine ait jamais écrite. Dans *Andromaque*, aucun des quatre héros n'est ainsi démesurément avantagé par rapport aux autres. Agrippine et Néron se valent dans *Britannicus*. Alors que dans *Phèdre*, aussi bien que la construction dramatique, l'étude psychologique des différents personnages n'est faite qu'en fonction de Phèdre.

Ainsi **Thésée**, dans sa noblesse légendaire, a des erreurs de jeunesse que son fils ne veut pas entendre rappeler. Son ami Pirithoüs l'entraîne encore dans de douteuses aventures où l'amour coupable est cause de mort. Le roi a connu la prison en des « lieux voisins de l'empire des ombres ». Ce personnage illustre donc lui aussi la puissance de l'amour qui détruit la grandeur humaine des héros et les précipite au désastre; ses allusions aux Enfers ne servent qu'à préparer l'hallucination de Phèdre dans la dernière scène de l'acte IV. Enfin, lorsque Thésée, aveuglé par les dieux, croit aussitôt Œnone et, par sa colère, se rend complice du châtiment qui va frapper son cœur de père, n'y a-t-il pas là la même part mystérieuse d'innocence et de culpabilité dans la faute que l'on trouve chez Phèdre Comme elle, torturé de remords, il ne cherche à la fin qu'un lieu où *cacher* (voir Lexique) sa peine et sa honte. Thésée, en somme, tient sa vie de Phèdre.

Il en est de même pour **Hippolyte,** au moins pendant les deux premiers actes. L'essentiel de ce caractère est alors la lutte entre son orgueil farouche d'adolescent et les séductions d'un amour qui, dès le début, pour lui, est un amour coupable : comme il respecte son père, il respecte ses ordres et voit comme un crime l'idée d'épouser Aricie. Etre noble et fier, que le dieu de l'Amour traque et conduit à la mort, Hippolyte a lui aussi sa part de culpabilité dans son destin malheureux, et la tendre **Aricie** lui ressemble sur ce point. Elle n'a rien de la douceur, des larmes de Junie ou d'Iphigénie; si digne qu'elle soit, son âme est d'une coquette : comme Hippolyte, elle s'est longtemps fait une gloire de ne jamais connaître l'amour (voir vers 433-435), et ce que dans son amant elle apprécie le plus, c'est cette même fierté rare qui rend sa propre victoire plus glorieuse. Elle a des paroles qui témoignent d'une volonté de domination peu habituelle chez ce genre de personnage dans le théâtre racinien (voir vers 449-453). Victime et complice d'un amour qu'elle a voulu d'abord combattre, Aricie est comme la plus lointaine, la plus décolorée des images de Phèdre dans la pièce.

Il reste toutefois que pour ces deux jeunes gens le dessein de Racine marque quelque hésitation. S'ils sont bien dans les deux premiers actes comme des répliques plus ou moins atténuées de Phèdre, à partir du retour de Thésée, de la menace injuste qu'il fait peser sur son fils, un retournement s'opère. Hippolyte cesse de parler de son amour comme d'une faute : en l'espace de quelques vers (993-996), il passe du sentiment de culpabilité à la certitude de l'innocence, et Aricie, à l'acte V, devient elle-même la pure jeune fille racinienne, touchante et noble victime; c'est cette image que conserve d'elle le spectateur. Dans cette voie, Racine va même si loin qu'on ne peut se défendre d'un sourire quand, aux vers 1379-1380, et dans une situation si terrible, Aricie songe encore à ménager sa réputation de jeune fille et refuse de fuir avec son amant avant d'être devenue légalement son épouse! Mais cette marche même vers la pureté et l'innocence des deux jeunes gens en partie coupables au début, leur purification totale de la fin par la mort de l'un et la douleur de l'autre ne sont-elles pas comme la figure de la remontée morale de Phèdre, qui, détruisant son être par le poison, détruit ainsi sa faute et meurt dans la pureté retrouvée?

Phèdre, de tout l'éclat de ces trois satellites, rayonne. Ce n'est pas sans raison que Racine a changé son titre primitif de *Phèdre et Hippolyte* en *Phèdre.* Aucun autre personnage ne soutient la comparaison avec l'héroïne. Elle les dépasse, les « accomplit » tous, comme elle « accomplit » Hermione, Eriphile ou Roxane. Jamais la peinture de la passion n'avait été aussi riche, aussi pleine, aussi achevée. Il y a d'abord le poids de l'hérédité : c'est le *sang* (voir Lexique) fatal de Pasiphaé, d'Ariane qui coule dans les veines de Phèdre. Toutes les étapes ensuite de cet amour, Racine nous les fait connaître :

sa naissance, ses progrès impossibles à enrayer, sa révélation, son déchaînement au début de l'acte III et, pour finir, à l'acte IV, les affres de la jalousie, qui précipite une malheureuse dans la folie. Coup de foudre de Néron, efforts impuissants d'Oreste pour étouffer son mal, fureurs jalouses d'Hermione ou de Roxane, délire final d'Oreste, on pourrait multiplier les points de comparaison : il semble que Racine ait tout retrouvé et porté à un point sublime de perfection dans sa dernière héroïne profane. Jamais il n'avait encore, dans un seul caractère, étudié aussi uniquement et de façon aussi complète la passion amoureuse.

La raison en est que, pour lutter contre l'amour, il n'y a plus seulement en Phèdre un vague souci de gloire ou d'amour-propre héroïque. L'amour de Phèdre est un amour combattu, et au cœur même de la reine. Ce n'est pas l'image conventionnelle d'une princesse honorée, comme chez Hermione, ou celle d'un empereur parfait, comme chez Néron, qui lutte contre la passion, c'est une exigence de pureté enracinée au fond de l'être de celle qui est aussi la fille de Minos, le juge. D'où, la conscience morale se confondant en elle avec la conscience psychologique, l'impitoyable lucidité avec laquelle, jusqu'au plus fort de l'égarement, elle s'analyse, elle se connaît, elle se juge; d'où l'étonnante précision de la connaissance que nous avons d'elle. L'exigence de clarté du spectateur se confond et se satisfait naturellement avec celle de l'héroïne.

Quant aux confidents, **Théramène** et **Œnone,** Racine les a dotés d'un bon sens humain et d'un dévouement à leurs maîtres qui les rendent beaucoup plus vivants que ceux d'une tragédie comme *Andromaque,* par exemple. Dans la première scène, Théramène conseille à Hippolyte de céder à l'amour, comme le fera Œnone à Phèdre plus tard. Il y a chez le premier une ironie légère à l'égard de l'intransigeance superbe de son élève, chez la seconde une pitié navrée devant les souffrances de sa maîtresse, et chez tous deux, dans le désastre, un désespoir si total que ces personnages secondaires deviennent eux aussi de véritables victimes de la tragédie. C'est plus net encore pour Œnone que pour Théramène. On a vu en cette confidente le mauvais génie de Phèdre, qui pousse sa maîtresse au mal comme Narcisse y pousse Néron : rien de plus faux. Elle essaie, au contraire, de l'en détourner au début de l'acte III, et si ses conseils entraînent la perte de Phèdre, c'est l'amour quasi viscéral qu'elle porte à la reine qui les a inspirés. Il n'y a aucune perversité, aucun calcul en cette autre victime de l'amour : son désintéressement est entier. Aussi, quand sa maîtresse finit par la chasser, Racine la laisse-t-il seule en scène et lui confie les derniers vers d'un acte (vers 1327-1328) pour ses dernières paroles, bouleversantes de simplicité : comme Phèdre, elle se reconnaît coupable et va se suicider, première figure, dans cette fin, de ce que va être la mort de Phèdre elle-même.

LA POÉSIE

L'univers poétique de *Phèdre* est sans doute le plus cohérent, le plus prenant que Racine ait jamais créé. Il tient d'abord à une science du langage et du vers qui éclate à chaque instant; les sons, les rythmes sont utilisés par Racine avec une maîtrise et une discrétion si parfaites que l'on peut sans heurt passer des vers les plus nus, les plus directs à d'autres qui se prolongent et font rêver : la simplicité comme le merveilleux sont faits de la même étoffe. Qu'on prenne par exemple le vers célèbre entre tous : *La fille de Minos et de Pasiphaé.* Sans parler de poésie pure, il faut y reconnaître l'effet très étudié des sonorités : le *i* inquiétant, soutenu par la menace sourde des *f*; le son *a* clair, impitoyable, féroce même dans l'hiatus final avec le é court et sec. Sûreté du rythme aussi : affaiblissement de la coupe à l'hémistiche, ampleur du vers aux accents d'abord normaux jusqu'à la coupe, et qui s'altèrent dans la seconde partie, impossibles à placer avant la retombée sur l'unique voyelle qui constitue la rime — d'où le contraste entre la régularité du début, qui évoque la rigueur du père de Phèdre, et la fin, bousculée, haletante avec ce nom admirable et, grâce à Racine, impossible à oublier, symbole désormais de tous les égarements de la passion. Tout cela accentué encore par la construction grammaticale : nous avons là le groupe sujet dont une inversion avait soigneusement ménagé l'attente. Pourtant, quoi de plus simple que ce vers ? — une périphrase qu'un jeune homme emploie pour n'avoir pas à prononcer le nom odieux d'une belle-mère, et qui la désigne par les noms de ses parents. Mais, en même temps, quelle lumière projetée sur Phèdre, quels prolongements éveillés en nous par ces deux noms qui, des plus vieilles légendes grecques, nous ramènent à la dualité profonde de notre être, à cette double aspiration contraire vers le bien et vers le mal que chacun de nous connaît. Et ce n'est là, sur un exemple, qu'un aspect de l'art de Racine versificateur : au niveau des ensembles, d'une tirade ou d'une scène, apparaissent aussi des qualités poétiques nouvelles. D'où l'enthousiasme de Gide notant dans son *Journal* (18 février 1934) : « Quels vers! Quelles suites de vers! Y eut-il jamais, dans aucune langue humaine, rien de plus beau? »

A cette musique des vers vient s'ajouter l'élan donné à notre mémoire et à notre imagination par le cadre légendaire qui est celui de la pièce. Il y a d'abord tous les rappels de personnages ou d'événements fameux que les littératures grecques ou latines ont illustrés : par exemple, le vol d'Icare, le fil et l'abandon d'Ariane. Racine les utilise dans *Phèdre* comme il utilisait les souvenirs de Troie dans *Andromaque.* Mais il y a plus dans *Phèdre;* nous sommes encore dans un monde où la terre est peuplée de monstres, le ciel, la terre et l'onde lourds de divinités, les objets eux-mêmes pleins d'une vie inquiétante. Les chasses de Thésée, sa prison voisine des enfers, le soleil rougissant à la vue de Phèdre, le flot qui recule épouvanté devant le monstre, tout concourt à créer un monde fantastique où l'homme est perdu dans une vie qui l'enserre et le déborde de toutes parts. On songe au vers de Hugo dans *Booz endormi* : « La terre était encore humide et molle du déluge. » Toutes proportions gardées, c'est bien une impression analogue que Racine a réussi à créer dans *Phèdre*.

Il n'avait pourtant pas à sa disposition la riche palette du poète romantique. Aussi doit-il recourir à d'autres moyens, tout aussi sûrs, mais plus discrets. Il fait, avec une judicieuse habileté, revenir dans son texte certaines images, certains mots clés particulièrement riches et expressifs : par eux, il bâtit à sa tragédie une espèce de décor intérieur à la fois physique et moral, qui finit par envoûter. Les mots choisis à cet effet sont des mots simples, que leur emploi, beaucoup plus que leur sens ou leur nature, fait remarquer : par exemple, *monstre, sang, jour*. Ils sont toujours chargés d'un double sens concret et moral (voir Lexique, page 23), et chacun d'eux bénéficie de toutes les résonances dont le mot s'est enrichi au cours de la tragédie. Pour prendre un exemple, un vers assez plat en apparence comme le vers 1534 devient un vers plein de force si l'on connaît la puissance des trois mots : *feu, sang* et *fumée*, qui le forment. Ce monstre, qui est comme l'extériorisation, la personnification du désir coupable de Phèdre, jette autour de lui du *feu* (et l'on songe aux flammes de l'amour comme dans le vers 690 : *J'ai langui, j'ai séché, dans les feux, dans les larmes*), il jette aussi du *sang* (Phèdre disait au vers 304 : *Ma blessure trop vive aussitôt a saigné*) et enfin de la *fumée* (comme celle qui a signalé la mort du demi-frère de la reine : *Et la Crète fumant du sang du Minotaure* (vers 82). On pourrait multiplier les exemples : c'est là une des particularités de la poésie et de l'art raciniens, dont les équivalents seraient à chercher dans la symbolique de certains peintres de son temps. Et chez les poètes, c'est du côté des plus modernes qu'il faudrait chercher la postérité de cet aspect de Racine, du côté de Mallarmé ou de Valéry.

INTÉRÊT DE LA PIÈCE

Outre ses qualités formelles universellement reconnues, *Phèdre*, parmi les autres pièces de Racine, présente un intérêt particulier à deux points de vue : pour la connaissance de l'auteur, d'abord, pour l'importance du problème métaphysique et moral qui fait le centre de l'œuvre, ensuite.

« Phèdre » et Racine. ■ Depuis le succès d'*Andromaque* en dix ans, Racine a produit avec une régularité parfaite huit chefs-d'œuvre. La pièce de *Phèdre* arrive au terme de cette longue et triomphale série. Pourtant, après *Phèdre*, Racine abandonne définitivement le théâtre. Quand il y reviendra, treize ans plus tard pour *Esther*, c'est dans des conditions et pour des raisons si particulières qu'on peut bien voir en *Phèdre* la dernière pièce de Racine, d'un certain Racine au moins. Abandon du théâtre, réconciliation avec Port-Royal et avec Dieu, retour par le mariage à une vie régulière, les bouleversements dans la vie de Racine sont à cette époque si importants qu'ils nous imposent de chercher si *Phèdre* déjà ne les préparait ou même ne les expliquait pas. La thèse contraire a été soutenue, et parfois avec une rigueur paradoxale. Il est certain qu'on peut trouver dans les tragédies antérieures de Racine, et surtout dans les sources latines et grecques de *Phèdre*, la raison de tout ce qui paraît être nouveau dans cette pièce. Mais, très vite, c'est au personnage de l'héroïne que se réduit le problème. De quelle nature est la fatalité qui accable Phèdre ? Le fatum antique ne recouvre-t-il pas la prédestination janséniste ? Phèdre est-elle païenne ou chrétienne ?

Il faut considérer d'abord qu'Antoine Adam, dans son *Histoire de la littérature française au XVII*ᵉ *siècle*, tient pour acquis que la réconciliation de Racine avec Port-Royal ne s'est pas faite aussi brusquement qu'on l'a dit souvent, mais par étapes, qu'au moment où *Phèdre* est écrite, c'est pratiquement chose faite depuis deux ou trois ans; seul Antoine Arnauld n'a pas reçu encore l'enfant prodigue. *Phèdre*, plus que la dernière pièce de Racine avant sa conversion, serait donc bien plutôt la première pièce de Racine sur le chemin du retour total à Dieu. Voilà pourquoi l'atmosphère de *Phèdre* est beaucoup plus religieuse que celle des pièces précédentes. Mais il y a plus : Racine lui-même, dans sa Préface, souligne ce que sa pièce a d'exceptionnel : « [...] Je n'en ai point fait où la vertu soit si bien mise en jour que dans celle-ci. [...] Les faiblesses de l'amour y passent pour de vraies faiblesses [...]; et le vice y est peint partout avec des couleurs qui en font connaître et haïr la difformité. [C'est] peut-être un moyen de réconcilier la tragédie avec quantité de personnes célèbres par leur piété et par leur doctrine [...]. » Dans cette dernière phrase, l'allusion est claire : c'est avec Port-Royal que Racine veut se réconcilier, et il présente ouvertement *Phèdre* comme un premier pas fait par lui dans cette direction. Sans doute dut-on le juger insuffisant, puisqu'il fallut que Racine abandonnât tout à fait le théâtre, mais le désir de revenir à ses anciens maîtres est manifeste, et il est dès lors tout à fait normal que *Phèdre* en porte les marques.

Le fait le plus notable est d'abord la présence constante des dieux (voir Lexique). L'attribuer à la couleur locale, à l'atmosphère antique dans laquelle Racine se serait plus profondément plongé paraît insuffisant. Car la question est justement de savoir pourquoi à ce moment-là plus qu'à un autre il découvre le divin chez les auteurs anciens. Il y avait autant de dieux dans la légende d'Oreste ou de sa sœur sacrifiée. Pourquoi, dans *Andromaque* et dans *Iphigénie*, sont-ils si effacés ? C'est qu'en 1676 l'être intérieur de Racine s'est déjà profondément modifié. Hermione et Pyrrhus se déchiraient sous un ciel vide, dans un monde purement humain, malgré les quelques vers d'Oreste sur la force du destin; quoi de plus païen aussi que le monde de *Britannicus* et de *Mithridate?* Et quelle atmosphère plus religieuse, en revanche, que celle de *Phèdre*, où deux puissances divines, personnelles et opposées — le bien et le mal — se disputent la malheureuse héroïne! Que les marques multiples de ces forces, que tous les noms des dieux de la mythologie ne nous leurrent pas : jamais Racine n'avait écrit de pièce moins païenne, au sens moderne du mot.

Le personnage de Phèdre nous en donne une preuve supplémentaire. Il y a chez elle un sens extraordinairement aigu de la faute. Il est sans doute lié à la nature tout à fait odieuse de son amour — mais pourquoi le dernier grand amour profane décrit par Racine est-il justement un désir incestueux? Pourquoi a-t-il choisi ce sujet? Et, si Phèdre évalue aussi pleinement sa faute, c'est avant tout parce que, en cette fille de la Lumière, comme un instinct irrépressible, vit une conscience morale que Racine n'avait donnée ni à Hermione ni à Roxane. A tel point que, les vers 1291-1292 mis à part (et ils n'en sont que plus bouleversants de vérité), partout ailleurs Phèdre manifeste un repentir de sa faute qui fait d'elle une chrétienne digne du pardon : une véritable chrétienne, car sa conscience morale n'a pas pour point d'appui un idéal humain; le vocabulaire qu'elle emploie est net; ce sont les mots *souillure, innocence, pureté* qui reviennent sans cesse (voir Lexique et en particulier le vers 1238). Seul son suicide final rejette en apparence l'héroïne hors d'un univers chrétien. Encore faut-il considérer que justement dans ce monde antique Phèdre ne peut avoir aucun espoir de « renaître » par la grâce d'un rédempteur; c'est une chrétienne d'avant le Christ : et peut-être Racine, lui non plus, ne l'avait-il pas encore trouvé lorsqu'il écrivait sa pièce. De toute façon, même dans son suicide, Phèdre reste infiniment émouvante et digne d'être sauvée. Un regard bienveillant de pitié et d'amour la suit : on songe ici au suicide final de l'héroïne dans la *Nouvelle Histoire de Mouchette*, de Georges Bernanos.

Phèdre est donc pour Racine une étape essentielle. Non tant à cause de la cabale, incident extérieur qui n'a pu jouer un rôle décisif dans le changement de Racine, mais parce que le texte même de la pièce manifeste une évolution profonde de l'univers spirituel du poète. Sa conversion est proche.

« Phèdre » et nous. ■ Pour nous *Phèdre*, au-delà de la réussite des vers, de la construction dramatique et de l'étude psychologique, pose avec force, comme toutes les plus grandes tragédies, le problème fondamental de l'homme : celui de sa liberté. L'héroïne de la pièce est tout entière agie par des puissances obscures : elle est quasi déterminée. Que ce soit par les dieux, que ce soit par son hérédité, ou que les premiers utilisent la seconde, le résultat est le même : il lui est impossible d'échapper au « monstre », à sa faute. Et pourtant, tout en le sachant, jusqu'au bout elle ne cesse, en se proclamant coupable, de se sentir responsable, de croire à sa liberté : dans le désastre total, la suprême affirmation de cette liberté, elle la verra dans son suicide. C'est, si l'on veut, le problème de la prédestination au XVIIe siècle, mais c'est aussi celui du déterminisme au XIXe siècle, chez un Zola par exemple; qu'elle soit d'ordre spirituel ou matériel, s'il y a une force donnée, antérieure, qui explique l'homme, où est donc sa liberté? Elle est — au milieu de sa plus grande honte, Phèdre nous le crie — dans le sentiment même que nous en avons, et ce n'est pas la plus mauvaise des réponses qu'on ait faites.

FRONTISPICE DE L'ÉDITION DE 1697

Dessin de Lebrun, gravé par Sébastien Le Clerc.

« ... A ce mot ce héros expiré
N'a laissé dans mes bras qu'un corps défiguré. »

(Vers 1567-1568.)

ILLUSTRATION DE JACQUES DE SÈVE POUR *PHÈDRE*
Seconde moitié du XVIIIᵉ siècle.

Son front large est armé de cornes menaçantes;
Tout son corps est couvert d'écailles jaunissantes;
Indomptable taureau, dragon impétueux,
Sa croupe se recourbe en replis tortueux.

(Vers 1516-1520.)

LE VOCABULAIRE DE RACINE
DANS « PHÈDRE »

Trois catégories différentes peuvent se distinguer dans le vocabulaire employé par Racine dans *Phèdre*.

1° D'abord, des mots de la langue du XVIIᵉ siècle, sans importance particulière pour Racine, mais qui pour nous font difficulté par suite de la seule évolution du langage. Ce sont ceux que l'on rencontre à chaque page : **objet** pour « personne aimée », **courage** pour « cœur », **foi** pour « fidélité », **soins** pour « souci, effort, préoccupation ». On pourrait en citer une vingtaine, parmi lesquels **étonné, confus, affreux, aimable, transports.** Ou bien leur sens de nos jours s'est affaibli, comme pour **gêne, chagrin, tourment, affligé;** ou bien l'usage moderne leur a substitué un mot voisin de forme ou de sens : **poursuivre** au lieu de « suivre », **propos** au lieu de « discours », **raconter** au lieu de « réciter ». Pour les mots de cette catégorie, avec lesquels on se familiarise vite, de brèves notes en bas de page éclairent leurs emplois les plus déroutants. Plus particulièrement racinien cependant dans cette catégorie, l'emploi répété de l'adjectif **triste** avec le sens de « malheureux ». De même reviennent souvent les mots **généreux** et **gloire** avec les sens attendus de « digne d'un noble sang » et d' « honneur », « sentiment de sa propre valeur et de sa propre dignité », mais toujours au moment où l'on constate la disparition de cette « gloire » ou de ces sentiments « généreux ». La « gloire », on la souille (voir vers 1058); la « générosité », on la perd sitôt qu'on aime (voir vers 443, 572).

2° Il y a ensuite des mots parfaitement clairs pour nous, mais dont la fréquence dans le texte atteste l'importance dans l'univers et la pensée de l'auteur : ils ne doivent pas être compris isolément, mais chaque fois en référence avec l'ensemble de la notion morale qui leur donne leur plein sens. On trouve dans cette catégorie des termes comme **honneur, vertu, amour, haine, mort,** qui parlent assez d'eux-mêmes, mais aussi quelques autres que leur banalité risque de faire négliger.

Ainsi le mot **égarer** revient aux vers 103, 180, 282, 639, 1264, 1476; il exprime la perte de la maîtrise sur soi-même, l'abandon du héros à la passion et au trouble. Le vers 536 permet d'en donner clairement le sens.

La **honte,** c'est le sentiment du héros racinien devant lui-même, devant les autres et devant l'univers quand il a cédé à la passion. L'adjectif **lâche** est chargé du même sens. Le vers 669 éclaire bien cette notion (vers 68, 97, 183, 437, 539, 669, 676, 694, 713, 746, 762, 767, 813, 880, 1015, 1081, 1114, 1335).

Fuir et **se cacher** sont les deux réactions d'un personnage quand il s'est découvert « égaré » et « honteux ». **Fuir** revient 18 fois (vers 28, 50, 56, 57, 713, 717, 757, 874, 976, 1053, 1059, 1063, 1277, 1310, 1358, 1388, 1575, 1606) et **se cacher** 9 fois (vers 20, 740, 920, 1236, 1242, 1277, 1345, 1346, 1611).

Si dégoûté de lui-même que soit le héros, il ne cesse jusqu'au bout, et jusqu'au bout les autres ne cessent à son propos de se poser la grande question de la tragédie : Est-il **innocent** ou **coupable?** Ces deux adjectifs, auxquels on peut joindre le nom **innocence,** se rencontrent 23 fois (vers 55, 217, 220, 222, 242, 298, 347, 354, 674, 773, 866, 873, 893, 986, 996, 1018, 1027, 1097, 1118, 1166, 1238, 1430, 1618).

Enfin, la réponse terrible à cette question est donnée par l'extraordinaire fréquence de mots comme **le ciel, le destin, un dieu, les dieux, Vénus, Neptune** ou toute autre divinité. On les retrouve près de 80 fois (vers 35, 61, 96, 115, 123, 157, 176, 181, 197, 211, 221, 222, 239, 257, 264, 265, 277, 285, 288, 306, 347, 377, 421, 469, 496, 512, 550, 615, 620, 637, 640, 663, 677, 679, 681, 711, 719, 727, 743, 814, 822, 967, 972, 991, 1003, 1035, 1065, 1158, 1160, 1165, 1190, 1195, 1205, 1243, 1275, 1289, 1304, 1319, 1344, 1351, 1401, 1403, 1404, 1405, 1411, 1435, 1484, 1493, 1496, 1540, 1561, 1569, 1572, 1576, 1584, 1612, 1625). Même les cris traditionnels de **Ciel!** et **Dieux!** finissent dans cette pièce par se charger d'un sens plus précis et plus lourd. Les emplois les plus significatifs pour éclairer cette notion de « fatalité divine » qui pèse sur le héros sans arriver à détruire en lui le sentiment de sa culpabilité sont ceux des vers 35, 61, 96, 115, 181, 469, 677, 681, 967, 1003, 1160, 1243, 1327.

3° Il y a enfin une troisième catégorie de mots, ce sont les plus intéressants, et ils seront les seuls à attirer d'un **astérisque** (*) l'attention du lecteur. Il s'agit de ceux, essentiels pour la compréhension profonde du texte, dont le sens a été, ou par Racine, ou par l'évolution du langage, ou par les deux à la fois, modifié, transformé au point qu'on ne peut pas sans dommage ne pas s'y arrêter. La fréquence de ces mots indique également la permanence de certains thèmes fondamentaux dans la tragédie. Les voici, par ordre alphabétique.

Charme (charmant) [du latin *carmen,* formule d'incantation magique] : Sortilège, d'où, par extension, influence mystérieuse et irrésistible, qui suspend l'effet des lois naturelles et le jeu de la raison. Est **charmant** tout ce qui fait sortir du droit chemin et tomber dans la faute : essentiellement l'amour (voir vers 523), mais aussi à l'occasion l'ambition (voir vers 795). Cette notion est liée à celle de « honte », notamment au vers 437, et à celle de « fatalité », au vers 1298 (vers 137, 190, 437 [**enchantée**], 523, 545, 570, 639, 657, 689, 795, 915, 1231, 1298).

Chemin. Ce mot a dans *Phèdre* une valeur poétique et symbolique saisissante. Il y est souvent question du **Labyrinthe** et de ses **détours** (voir vers 650-656), où il importe de ne pas se perdre. De même, dans la complexité de l'existence et du cœur humain, il faut connaître le « chemin » ou savoir le trouver (vers 231, 1224, 1324, 1636).

Fatal (du latin *fatum*, sort, destin). Est **fatal** tout ce qui est voulu par le destin ou les dieux, ce contre quoi on ne peut rien, et par là, dans un sens péjoratif, tout ce qui de près ou de loin peut entraîner le malheur ou la mort. D'où l'emploi extrêmement souple du mot (vers 25, 51, 144, 249, 261, 300, 652, 680, 789, 1278, 1298).

Funeste (du latin *funus*, funérailles, deuil). Racine fait de cet adjectif un emploi très varié. Est **funeste** tout ce qui de près ou de loin a trait à la mort, concerne la mort ou comporte une idée de mort : aussi bien le poison (vers 991) ou un avis (vers 1195) que le plaisir (vers 1248) et même le doute (vers 245) [vers 175, 208, 226, 245, 365, 747, 991, 1041, 1145, 1195, 1248, 1325, 1359, 1483, 1615, 1625].

Fureur (furieux). Il faut donner à ce mot le sens très fort qu'il avait à l'époque, c'est-à-dire « folie, rage, démence ». Racine l'emploie aussitôt que, la raison bannie, le héros s'abandonne aux violences troubles de la passion ou de l'erreur. Le vers le plus significatif est le vers 792, et, dans le vers 1217, cette notion est liée à celle de fatalité (vers 189, 259, 422, 672, 741, 792, 853, 989, 1015, 1048, 1076, 1155, 1185, 1217, 1228, 1254, 1290, 1467, 1627, 1650).

Horreur (horrible) : Sentiment physique et moral de répulsion, d'effroi devant la laideur hideuse d'un être, d'un acte ou d'une pensée. Le vers 1268 éclaire admirablement la force concrète de ce mot : *Chaque mot sur mon front fait dresser mes cheveux* (voir aussi vers 1512) [vers 238, 240, 260, 300, 352, 718, 720, 751, 848, 857, 953, 1047, 1064, 1078, 1132, 1172, 1228, 1285, 1350, 1426, 1427, 1474, 1522].

Joug. Cette image, assez traditionnelle en elle-même, revient 4 fois (vers 60, 444, 762, 1303) et de façon très significative dans *Phèdre*, toutes les fois que les mots **liens, fers** ou **chaînes** ne suffisent plus pour flétrir la force terrible qui a brisé la fierté naturelle d'un être. Cette image est en outre à rapprocher de toutes les images de chevaux domptés qu'évoquent Hippolyte ou Théramène (voir vers 937-939 et aussi 1220-1223).

Monstre. Comme le mot **chemin**, ce mot joue un rôle essentiel dans la puissance poétique et symbolique de la pièce. Il désigne aussi bien les êtres légendaires abattus par Thésée ou dévorant Pirithoüs que les héros eux-mêmes au profond de leur crime (vers 99, 701, 703,

1045, 1046). Racine joue même sur cette ambiguïté terrible aux vers 948, 1444-1446. Les monstres habitent et l'extérieur et l'intérieur de l'homme dans cet univers monstrueux (vers 79, 520, 649, 701, 703, 884, 938, 948, 963, 970, 1045, 1317, 1444, 1516, 1522, 1529, 1531).

Rougir (rougeur) : Manifestation physique de la honte. Tous les héros à quelque moment rougissent, et l'univers lui-même devant eux. C'est aussi — car le **noir** est pris en un sens uniquement figuré — la seule véritable notation de couleur que l'ensemble du texte impose (vers 4, 171, 182, 185, 273, 554, 667, 746, 810, 852, 1342, 1577).

Sang (sanglant) : Au sens propre, le liquide qui coule dans les veines (vers 1556) et, au sens figuré, la race, la famille (vers 330). Mais la plupart du temps ce mot est chargé de l'idée d'hérédité, de prédestination quasi physiologique de chaque héros (voir vers 257, 1152 et vers 51 **[sang fatal]**). C'est l'importance de cette dernière idée dans l'univers de Racine qui explique le retour si fréquent du mot (vers 51, 82, 203, 212, 220, 256, 257, 278, 305 **[veines]**, 330, 421, 426, 503, 581, 680, 709, 755, 862, 863, 903, 935, 1011, 1075, 1102, 1151, 1171, 1175, 1260, 1272, 1534, 1538, 1556, 1558, 1565, 1606, 1637 **[veines brûlantes]**, 1648.

Superbe : Fier, noble, orgueilleux, sans aucune nuance péjorative dans toute la pièce. C'est la noble fierté du héros avant qu'il ait commis la faute. Il faut, pour bien comprendre le mot, utiliser la description d'Hippolyte aux vers 638-639. Mais le mot s'applique aussi aux choses (vers 58, 127, 272, 360, 406, 488, 538, 776, 821, 1503).

Trahir : Abandonner sous l'effet de la passion les êtres ou les devoirs auxquels la gloire devrait attacher. Racine utilise très souplement le mot dans ce sens précis (à rapprocher de **foi** et de **perfide**) [vers 198, 199, 515, 695, 847, 874, 980].

LES DIEUX ET LES HOMMES DANS « PHÈDRE »

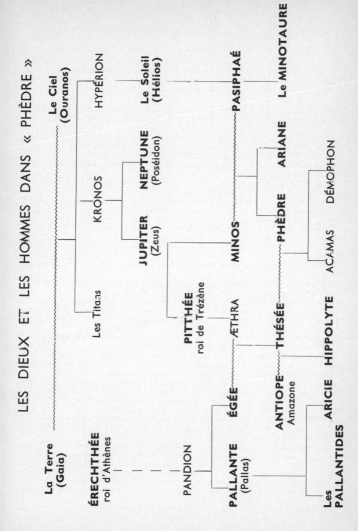

INDEX MYTHOLOGIQUE

*Dans cet index alphabétique destiné à faciliter la lecture de Phèdre, on trou-
vera des indications sommaires sur certains noms de personnages et de lieux que
l'on rencontre dans la tragédie. Le numéro entre parenthèses est celui du vers où
ce nom apparaît pour la première ou la seule fois dans le texte.*

ACHÉRON (12) : plusieurs fleuves grecs portaient ce nom. Le plus célèbre
prenait sa source en Epire et devenait ensuite l'un des quatre grands fleuves
des Enfers.

ALCIDE (78) : c'est-à-dire le descendant d'Alcée comme les Pallantides
(cf. plus bas) sont les fils de Pallante (ou Pallas). Il s'agit ici d'Hercule, habi-
tuellement désigné sous ce nom, en tant que petit-fils d'Alcée.

AMAZONES (204) : femmes guerrières, filles de Mars, dieu de la Guerre.
Leur pays était la Scythie.

ANTIOPE (125) : amazone célèbre qui fut enlevée par Thésée et amenée
à Athènes. Elle lui donna un fils, Hippolyte.

ARIANE (89) : sœur de Phèdre. Elle donna par amour à Thésée le fil qui
lui permit de sortir du Labyrinthe après y avoir tué le Minotaure. Elle partit
ensuite pour Athènes avec Thésée, mais ce dernier, lui préférant sa sœur
Phèdre qui l'accompagnait, abandonna l'infortunée dans l'île de Dia, ou
Naxos.

ARICIE (50) : fille de Pallas et sœur des Pallantides (voir Préface de *Phèdre*,
p. 31).

CERCYON (80) : brigand arcadien, lutteur dangereux, vaincu et tué par
Thésée.

COCYTE (385) : fleuve d'Epire, comme l'Achéron, qui passait, comme lui,
pour devenir ensuite l'un des fleuves des Enfers.

ÉGÉE (269) : roi d'Athènes, père de Thésée. Détrôné par ses neveux, les
Pallantides, il fut restauré par son fils. Il mourut de douleur en apprenant
la nouvelle — qui se révéla fausse ensuite — de la défaite de Thésée devant
le Minotaure.

ÉRECHTHÉE (426) : fils de la Terre, roi d'Athènes où il introduisit le
culte d'Athéna et fonda les fêtes des Panathénées.

HÉLÈNE (85) : fille de Léda et de Zeus ou de Tyndare, elle fut enlevée une
première fois par Thésée, aidé de Pirithoüs ; elle épousa plus tard Ménélas,
et son enlèvement par Paris fut alors la cause de la guerre de Troie.

ICARE (14) : fils de Dédale, enfermé avec lui dans le Labyrinthe ; ils s'échap-
pèrent par la voie des airs après avoir fixé, avec de la cire, des ailes à leurs
épaules. Mais Icare, imprudent, s'approcha trop du soleil : la cire fondit, et
ce fut la chute dans la mer qui depuis porte son nom.

LABYRINTHE (650) : palais fabuleux, aux couloirs inextricables, bâti
par Dédale sur les ordres du roi de Crète Minos, qui voulait y cacher le
Minotaure, fils monstrueux de la reine.

MÉDÉE (1638) : magicienne, fille d'Aiétès, qui était lui-même fils du Soleil ;
par cette ascendance, Médée a donc la même origine que Pasiphaé et
Phèdre. Elle s'éprit de Jason, l'accompagna dans l'expédition des Argo-
nautes. Trahie par Jason, qui l'abandonna pour Créüse, fille du roi de
Corinthe, elle tua les enfants qu'elle avait eus de lui et s'enfuit à Athènes.
Une tradition prétendait même qu'elle avait épousé Égée et tenté d'empoisonner Thésée.

MINERVE (360), ou Athéna : déesse de la Sagesse, sortie tout armée du
crâne de Zeus, son père. En Attique, elle l'emporta sur Neptune pour la pos-
session du territoire, et Athènes devint sa ville.

MINOS (36) : fils de Zeus et d'Europe, roi de Crète, si prestigieux par la sagesse de ses lois qu'il mérita, avec Eaque et Rhadamante, de siéger aux Enfers comme juge des morts.

MINOTAURE (82) : monstre à corps d'homme et à tête de taureau qu'enfanta Pasiphaé à la suite de son union avec un taureau. Il fut enfermé dans le labyrinthe, mais, comme il ne se nourrissait que de chair humaine, c'est Athènes qui devait chaque année fournir des adolescents destinés à la pâture du monstre. Thésée vint le tuer et libéra ainsi son pays de cet affreux tribut.

NEPTUNE (131) : dieu de la Mer, fils de Cronos et frère de Zeus; son animal favori était le cheval, qu'il avait appris aux hommes à dompter.

PALLANTIDES (53) : nom des fils de Pallas, au nombre de cinquante, qui méprisaient Egée quand il n'avait pas d'enfants et tentèrent de prendre le pouvoir; mais Thésée les tua (voir Plutarque, *Vie de Thésée*, IV et XV). *Pallas*, ou *Pallante* (330), était frère d'Egée.

PASIPHAÉ (36) : fille du Soleil, épouse de Minos, mère de Phèdre, d'Ariane et du Minotaure.

PÉRIBÉE (86) : fille du roi de Mégare. Enlevée, puis abandonnée par Thésée, elle épousa ensuite Télamon, roi de Salamine.

PÉRIPHÈTE (81) : géant d'Epidaure, qui assassinait les passants pour se repaître de leur chair. Thésée le massacra et dispersa ses os.

PIRITHOÜS (384) : roi des Lapithes, en Thessalie. Ami légendaire de Thésée, il partagea avec lui plusieurs aventures, dont celle à laquelle il est fait allusion dans *Phèdre*.

PITTHÉE (478) : grand-père maternel de Thésée. Il était réputé le plus sage des mortels et fonda la ville de Trézène.

PROCUSTE (80) : brigand fameux qui étendait ses prisonniers sur un lit de fer, à la mesure duquel il les réduisait, en leur coupant les jambes. Thésée en délivra l'Attique.

SCIRRON (80) : brigand qui désolait l'Attique. Thésée le massacra et jeta ses os dans la mer, où ils furent changés en rochers.

SINNIS (80) : brigand de la région de Corinthe. Il écartelait ses prisonniers en les attachant aux branches de deux gros arbres qu'il abaissait jusqu'à terre et libérait ensuite. Thésée lui fit subir le même supplice.

SOLEIL (172) : dieu, père de Pasiphaé.

TERRE (421) : divinité, mère d'Erechthée.

PRÉFACE
(1677)

Voici encore une tragédie dont le sujet est pris d'Euripide[1]. Quoique j'aie suivi une route un peu différente de celle de cet auteur pour la conduite de l'action, je n'ai pas laissé d'enrichir ma pièce de tout ce qui m'a paru plus éclatant[2] dans la sienne. Quand je ne lui devrais que la seule idée du caractère de Phèdre, je pourrais dire que je lui dois ce que j'ai peut-être mis de plus raisonnable sur le théâtre. Je ne suis point étonné que ce caractère ait eu un succès si heureux du temps d'Euripide, et qu'il ait encore si bien réussi dans notre siècle, puisqu'il a toutes les qualités qu'Aristote demande dans le héros de la tragédie, et qui sont propres à exciter la compassion et la terreur[3]. En effet, Phèdre n'est ni tout à fait coupable, ni tout à fait innocente. Elle est engagée, par sa destinée et par la colère des dieux[4], dans une passion illégitime, dont elle a horreur toute la première. Elle fait tous ses efforts pour la surmonter. Elle aime mieux se laisser mourir que de la déclarer à personne. Et lorsqu'elle est forcée de la découvrir, elle en parle avec une confusion qui fait bien voir que son crime est plutôt une punition des dieux qu'un mouvement de sa volonté.

J'ai même pris soin de la rendre un peu moins odieuse qu'elle n'est dans les tragédies des Anciens[5], où elle se résout d'elle-même à accuser Hippolyte. J'ai cru que la calomnie avait quelque chose de trop bas et de trop noir pour la mettre dans la bouche d'une princesse qui a d'ailleurs des sentiments si nobles et si vertueux. Cette bassesse m'a paru plus convenable à une nourrice qui pouvait avoir des inclinations plus serviles[6], et qui néanmoins n'entreprend cette fausse accusation que pour sauver la vie et l'honneur de sa maîtresse. Phèdre n'y donne les mains que parce qu'elle est dans une agitation d'esprit qui la met hors d'elle-même, et elle vient un moment après dans le dessein de justifier l'innocence et de déclarer la vérité.

Hippolyte est accusé, dans Euripide et dans Sénèque, d'avoir en effet violé sa belle-mère : *vim corpus tulit*[7]. Mais il n'est ici accusé que d'en avoir eu le dessein. J'ai voulu épargner à Thésée une confusion qui l'aurait pu rendre moins agréable aux spectateurs[8].

---

1. Le sujet d'*Iphigénie en Aulide* (1674) était également emprunté à Euripide ; 2. *Plus éclatant,* comparatif à valeur de superlatif ; 3. *Terreur* et *pitié* sont, selon la *Poétique* d'Aristote (XIII), les deux sentiments que doit susciter la tragédie ; 4. Vénus poursuivait en Phèdre la descendante du Soleil, qui avait dévoilé les amours de la déesse avec Mars ; 5. *Les Anciens :* Euripide (*Hippolyte*) et Sénèque (*Phèdre*) ; 6. *Serviles :* propres à un esclave ; la nourrice, en effet, faisait partie des esclaves domestiques à Athènes ; 7. Sénèque, *Phèdre,* vers 892 : « Mon corps a subi sa violence » ; 8. *Agréable :* acceptable.

Pour ce qui est du personnage d'Hippolyte, j'avais remarqué dans les Anciens qu'on reprochait à Euripide de l'avoir représenté comme un philosophe exempt de toute imperfection : ce qui faisait que la mort de ce jeune prince causait beaucoup plus d'indignation que de pitié. J'ai cru lui devoir donner quelque faiblesse qui le rendrait un peu coupable envers son père, sans pourtant lui rien ôter de cette grandeur d'âme avec laquelle il épargne l'honneur de Phèdre et se laisse opprimer[1] sans l'accuser. J'appelle faiblesse la passion qu'il ressent malgré lui pour Aricie, qui est la fille et la sœur des ennemis mortels de son père[2].

Cette Aricie n'est point un personnage de mon invention. Virgile dit qu'Hippolyte l'épousa, et en eut un fils, après qu'Esculape l'eut ressuscité[3]. Et j'ai lu encore dans quelques auteurs qu'Hippolyte avait épousé et emmené en Italie une jeune Athénienne de grande naissance, qui s'appelait Aricie, et qui avait donné son nom à une petite ville d'Italie[4].

Je rapporte ces autorités, parce que je me suis très scrupuleusement attaché à suivre la fable. J'ai même suivi l'histoire de Thésée, telle qu'elle est dans Plutarque.

C'est dans cet historien que j'ai trouvé que ce qui avait donné occasion de croire que Thésée fût descendu dans les enfers pour enlever Proserpine était un voyage que ce prince avait fait en Épire vers la source de l'Achéron, chez un roi[5] dont Pirithoüs voulait enlever la femme, et qui arrêta[6] Thésée prisonnier, après avoir fait mourir Pirithoüs. Ainsi j'ai tâché de conserver la vraisemblance de l'histoire, sans rien perdre des ornements de la fable, qui fournit extrêmement à la poésie. Et le bruit de la mort de Thésée, fondé sur ce voyage fabuleux, donne lieu à Phèdre de faire une déclaration d'amour qui devient une des principales causes de son malheur, et qu'elle n'aurait jamais osé faire tant qu'elle aurait cru que son mari était vivant.

Au reste, je n'ose encore assurer que cette pièce soit en effet[7] la meilleure de mes tragédies. Je laisse aux lecteurs et au temps à décider de son véritable prix. Ce que je puis assurer, c'est que je n'en ai point fait où la vertu soit plus mise en jour que dans celle-ci. Les moindres fautes y sont sévèrement punies. La seule pensée du crime y est regardée avec autant d'horreur que le crime même. Les faiblesses de l'amour y passent pour de vraies faiblesses; les passions n'y sont présentées aux yeux que pour montrer tout le

---

1. *Opprimer* : accabler ; 2. *Père* : voir vers 53 et la note ; 3. Virgile, *Enéide*, livre VII, vers 761-762 ; 4. Cette histoire est rapportée dans les *Tableaux*, de Philostrate, écrivain des Ier et IIe siècles après J.-C. — Pradon, dans la préface de sa *Phèdre*, déclare s'en être inspiré ; 5. Ce roi, d'après Plutarque (*Vie de Thésée*, chap. XXXI), s'appelait Ædonée, dont le nom en grec peut créer une confusion avec celui d'Hadès, dieu des Enfers, marié à Proserpine. — *Pirithoüs* : ami légendaire de Thésée ; 6. *Arrêter* : retenir ; 7. *En effet* : réellement.

désordre dont elles sont cause; et le vice y est peint partout avec des couleurs qui en font connaître et haïr la difformité[1]. C'est là proprement le but que tout homme qui travaille pour le public doit se proposer; et c'est ce que les premiers poètes tragiques avaient en vue sur[2] toute chose. Leur théâtre était une école où la vertu n'était pas moins bien enseignée que dans les écoles des philosophes. Aussi Aristote a bien voulu donner des règles du poème dramatique; et Socrate, le plus sage des philosophes, ne dédaignait pas de mettre la main aux tragédies d'Euripide[3]. Il serait à souhaiter que nos ouvrages fussent aussi solides et aussi pleins d'utiles instructions que ceux de ces poètes. Ce serait peut-être un moyen de réconcilier la tragédie avec quantité de personnes célèbres par leur piété et par leur doctrine[4], qui l'ont condamnée dans ces derniers temps[5], et qui en jugeraient sans doute plus favorablement si les auteurs songeaient autant à instruire leurs spectateurs qu'à les divertir, et s'ils suivaient en cela la véritable intention[6] de la tragédie.

---

1. *Difformité* : laideur morale ; 2. *Sur* : par-dessus ; 3. C'est du moins ce que rapporte Diogène Laërce (*Vie et opinions des philosophes illustres*, II, v) ; 4. *Doctrine* : savoir ; 5. Allusion aux attaques des jansénistes et plus particulièrement aux *Visionnaires* (1666) de Nicole, et au *Traité de la comédie* (1666) du prince de Conti. Voir Corneille, Préface d'*Attila* (1667), et Molière, Préface du *Tartuffe* (1669) ; 6. *Intention* : destination.

——— **QUESTIONS** ———

■ Sur la Préface. — Le personnage de Phèdre : en quoi peut-il apparaître *raisonnable* à Racine? Cherchez dans le caractère et les actes de Phèdre ce qui excite la *compassion*, la *terreur*. Indiquez les limites et la nature de son *innocence*. Dans la Préface de *Britannicus*, d'une façon un peu analogue, Racine déclare n'avoir peint en Néron qu'un « monstre naissant ». De ce dernier ou de Phèdre, lequel des deux reste le plus « innocent »?

— Expliquez, par l'histoire et les convenances de l'époque, le deuxième paragraphe de la Préface, qui concerne le rôle d'Œnone.

— D'après la Préface, quelles modifications Racine a-t-il apportées à la légende d'Hippolyte? Quelles raisons l'y ont poussé?

— Le problème des sources : situez son importance pour le théâtre classique, pour Racine.

— Que pensez-vous de cette volonté, chère à tous les auteurs de tragédies classiques, de concilier histoire et poésie? — et des moyens qu'ils utilisent?

— La moralité de la tragédie : montrez l'importance toute particulière de ce problème pour Racine à ce moment. Cherchez, dans les textes de Corneille et de Molière cités dans la note 5 de la page 32, la preuve que cette question est primordiale pour le théâtre classique.

« Soleil, je te viens voir pour la dernière fois. »

(Vers 172.)

SARAH BERNHARDT DANS LE RÔLE DE PHÈDRE (1890)

Bibliothèque de l'Arsenal. Fonds Rondel.

THÉSÉE	fils d'Égée, roi d'Athènes.
PHÈDRE	femme de Thésée, fille de Minos et de Pasiphaé.
HIPPOLYTE	fils de Thésée et d'Antiope, reine des Amazones.
ARICIE	princesse du sang royal d'Athènes.
THÉRAMÈNE	gouverneur d'Hippolyte.
ŒNONE	nourrice et confidente de Phèdre.
ISMÈNE	confidente d'Aricie.
PANOPE	femme de la suite de Phèdre.
GARDES.	

La scène est à Trézène, ville du Péloponnèse.

---

1. Le jour de la première représentation, la distribution était la suivante : la Champmeslé jouait *Phèdre*, tandis que son mari jouait *Thésée* ; Mlle d'Ennebaut tenait le rôle d'*Aricie*, et Baron celui d'*Hippolyte*.

PHÈDRE

ACTE PREMIER

Scène première. — HIPPOLYTE, THÉRAMÈNE.

HIPPOLYTE

Le dessein¹ en est pris : je pars, cher Théramène,
Et quitte le séjour de l'aimable Trézène².
Dans le doute mortel dont je suis agité,
Je commence à rougir* de mon oisiveté.
5 Depuis plus de six mois éloigné de mon père,
J'ignore le destin d'une tête³ si chère ;
J'ignore jusqu'aux lieux qui le peuvent cacher.

THÉRAMÈNE

Et dans quels lieux, Seigneur, l'allez-vous donc chercher ?
Déjà, pour satisfaire à votre juste crainte,
10 J'ai couru les deux mers⁴ que sépare Corinthe ;
J'ai demandé Thésée aux peuples de ces bords
Où l'on voit l'Achéron⁵ se perdre chez les morts ;
J'ai visité l'Élide⁶, et laissant le Ténare⁷,
Passé jusqu'à la mer qui vit tomber Icare⁸.
15 Sur quel espoir nouveau, dans quels heureux climats

---

1. *Dessein* : résolution ; 2. *Trézène* : ville d'Argolide, où Thésée, quittant Athènes, était, dit-on, venu pour se purifier du massacre des Pallantides (voir la carte page 22) ; 3. *Tête* : personne ; 4. La mer Ionienne et la mer Égée (voir la carte page 22) ; 5. *Achéron* : fleuve d'Épire (voir la carte page 22), homonyme de celui des Enfers (voir Index mythologique, page 28) ; 6. *Élide* : pays de la Grèce, sur la côte occidentale du Péloponnèse (voir la carte page 22) ; 7. *Le Ténare* : aujourd'hui *cap Matapan*, promontoire au sud du Péloponnèse (voir la carte page 22) ; 8. La mer Icarienne, au large de l'Asie Mineure (voir la carte page 22).

QUESTIONS

● Vers 1-7. Le naturel de cette première réplique. L'inquiétude d'Hippolyte peut-elle normalement apparaître très grande ? Soulignez le contraste des adjectifs (vers 2-3). Comment la décision brusque, après une longue hésitation, se traduit-elle dans le rythme ?

Croyez-vous découvrir la trace de ses pas?
Qui sait même, qui sait si le Roi votre père
Veut que de son absence on sache le mystère[1]?
Et si, lorsqu'avec vous nous tremblons pour ses jours,
20 Tranquille, et nous cachant de nouvelles amours,
Ce héros n'attend point qu'une amante abusée[2]...

HIPPOLYTE

Cher Théramène, arrête, et respecte Thésée.
De ses jeunes erreurs[3] désormais revenu,
Par un indigne obstacle il n'est point retenu;
25 Et fixant de ses vœux[4] l'inconstance fatale*,
Phèdre depuis longtemps ne craint plus de rivale.
Enfin en le cherchant je suivrai mon devoir,
Et je fuirai ces lieux que je n'ose plus voir.

THÉRAMÈNE

Hé! depuis quand, Seigneur, craignez-vous la présence
30 De ces paisibles lieux, si chers à votre enfance,
Et dont je vous ai vu préférer le séjour
Au tumulte pompeux d'Athène[5] et de la cour?
Quel péril, ou plutôt quel chagrin[6] vous en chasse?

HIPPOLYTE

Cet heureux temps n'est plus. Tout a changé de face,
35 Depuis que sur ces bords les Dieux ont envoyé
La fille de Minos et de Pasiphaé[7].

---

1. *Mystère* : secret ; 2. *Amante* : au sens du XVIIe siècle, qui aime et est aimée ; *abusée* : trompée ; 3. *Ses jeunes erreurs* : les erreurs de sa jeunesse ; 4. *Ses vœux* : les désirs amoureux de Thésée ; 5. *Athène* : licence orthographique explicable par la prosodie ; 6. *Chagrin* : souffrance morale, nuancée parfois d'irritation ; même idée dans *chagriner*, au vers 38 ; 7. *Pasiphaé* : épouse de Minos (voir page 27 et Index mythologique, page 29).

———— QUESTIONS ————

● VERS 8-21. Le pittoresque des vers 9-14. Cette évocation donne-t-elle confiance dans l'entreprise d'Hippolyte? Montrez que les vers 17-18 accentuent cette impression. — Quel aspect de Thésée est évoqué ici? Quel sentiment inspire-t-il à Théramène? Étudiez le vers 20 : coupe et place des mots.
● VERS 22-33. La protestation d'Hippolyte, qui défend la mémoire de son père, est-elle justifiée par la légende de celui-ci? Analysez l'effet produit par la place du nom de Phèdre au vers 26. Quel motif nouveau apparaît à la fin de la réplique d'Hippolyte? — Comment Racine caractérise-t-il le lieu où va se dérouler la tragédie (voir vers 2)? La couleur locale et historique est-elle respectée au vers 32?

THÉRAMÈNE

J'entends : de vos douleurs la cause m'est connue.
Phèdre ici vous chagrine, et blesse votre vue.
Dangereuse marâtre¹, à peine elle vous vit,
40 Que votre exil d'abord signala son crédit².
Mais sa haine, sur vous autrefois attachée,
Ou s'est évanouie, ou s'est bien relâchée.
Et d'ailleurs quels périls vous peut faire courir
Une femme mourante et qui cherche à mourir?
45 Phèdre, atteinte d'un mal qu'elle s'obstine à taire,
Lasse enfin d'elle-même et du jour qui l'éclaire,
Peut-elle contre vous former quelques desseins?

HIPPOLYTE

Sa vaine inimitié n'est pas ce que je crains.
Hippolyte en partant fuit une autre ennemie³ :
50 Je fuis, je l'avoueral, cette jeune Aricie,
Reste d'un sang* fatal* conjuré contre nous.

THÉRAMÈNE

Quoi! vous-même, Seigneur, la persécutez-vous?
Jamais l'aimable sœur des cruels Pallantides⁴
Trempa-t-elle aux complots de ses frères perfides?
55 Et devez-vous haïr ses innocents appas⁵?

HIPPOLYTE

Si je la haïssais, je ne la fuirais pas.

---

1. *Marâtre* : belle-mère. Le mot n'est pas nécessairement péjoratif au xviiᵉ siècle ; 2. *Votre exil,* aussitôt, témoigna, avec éclat, de son *crédit;* 3. *Ennemie.* Le mot est ambigu ; le vers 51 en explique l'un des sens; le vers 56 en donne l'autre ; 4. *Pallantides* : fils de Pallas, ou Pallante (voir vers 330), frère d'Egée. D'après Plutarque, ils conspirèrent contre Thésée, qui les massacra tous (*Vie de Thésée,* xv). [Voir Index mythologique, page 29.] ; 5. *Innocents* : qui ne sont pas coupables du crime de ses frères. — *Appas :* charmes, attraits physiques.

─────── ■ QUESTIONS ───────

● VERS 34-47. Comment Phèdre apparaît-elle ici? Son attitude envers Hippolyte; son état actuel; le mystère évoqué au vers 45. A quoi, dans la place des mots et l'utilisation des sonorités, tient la puissance du vers 36? — Quelle est, pour le spectateur, l'utilité des erreurs de Théramène sur ce qui pousse Hippolyte à partir (voir vers 269-273, 291-296, 596-600)? Comment le vers 44 exprime-t-il la profondeur du mal de Phèdre?

● VERS 48-56. Quel effet produit le vers 48? Cherchez, dans le rythme et les tournures de phrases, des marques de l'embarras d'Hippolyte (vers 49-51). Que représente le *nous* du vers 51? — Pourquoi, malgré les ordres de Thésée, Théramène est-il si favorable à Aricie (vers 52-55)? Quel trait de caractère le vers 56 révèle-t-il chez le jeune homme?

THÉRAMÈNE

Seigneur, m'est-il permis d'expliquer votre fuite?
Pourriez-vous n'être plus ce superbe* Hippolyte,
Implacable ennemi des amoureuses lois[1]
60 Et d'un joug* que Thésée a subi tant de fois?
Vénus, par votre orgueil si longtemps méprisée,
Voudrait-elle à la fin justifier Thésée?
Et vous mettant au rang du reste des mortels,
Vous a-t-elle forcé d'encenser ses autels?
65 Aimeriez-vous, Seigneur?

HIPPOLYTE

             Ami, qu'oses-tu dire?
Toi, qui connais mon cœur depuis que je respire,
Des sentiments d'un cœur si fier[2], si dédaigneux,
Peux-tu me demander le désaveu honteux?
C'est peu qu'avec son lait une mère amazone[3]
70 M'ait fait sucer encor cet orgueil qui t'étonne;
Dans un âge plus mûr moi-même parvenu,
Je me suis applaudi quand je me suis connu.
Attaché près de moi par un zèle sincère,
Tu me contais alors l'histoire de mon père.
75 Tu sais combien mon âme, attentive à ta voix,
S'échauffait aux récits de ses nobles exploits,
Quand tu me dépeignais ce héros intrépide
Consolant les mortels de l'absence d'Alcide[4],
Les monstres* étouffés et les brigands punis,
80 Procuste, Cercyon, et Scirron, et Sinnis[5],
Et les os dispersés du géant d'Épidaure[6],
Et la Crète fumant du sang* du Minotaure[7].
Mais quand tu récitais[8] des faits moins glorieux,

---

1. *Amoureuses lois* : lois de l'amour ; 2. *Fier* : farouche, rebelle à l'amour ; 3. *Amazone* : Antiope ; 4. *Alcide* : Hercule, petit-fils d'Alcée ; 5. *Procuste, Cercyon, Scirron, Sinnis* : brigands que Thésée tua (voir Index mythologique, pages 28 et 29). Il semble que dans cette énumération Racine se souvienne d'Ovide, *Métamorphoses,* VII, vers 433-444 ; 6. *Géant d'Épidaure* : Périphète (voir Index mythologique, page 29) ; 7. *Minotaure* : être monstrueux, mi-homme, mi-taureau, produit de l'union de la reine Pasiphaé avec un taureau, donc demi-frère de Phèdre. (Voir page 27 et l'Index mythologique, page 28.); 8. *Réciter* : raconter, faire le récit de.

■ QUESTIONS

● VERS 57-65. Le ton et l'attitude de Théramène dans cette réplique. Pourquoi si tôt dans la pièce cette première évocation de Vénus à propos de la passion d'Hippolyte? Cherchez les expressions qui opposent la « fierté » d'Hippolyte à l'emprise de la déesse.

Sa foi[1] partout offerte et reçue en cent lieux ;
85 Hélène à ses parents dans Sparte dérobée[2] ;
Salamine témoin des pleurs de Péribée[3] ;
Tant d'autres, dont les noms lui sont même échappés,
Trop crédules esprits que sa flamme a trompés :
Ariane aux rochers contant ses injustices[4],
90 Phèdre enlevée enfin sous de meilleurs auspices[5] ;
Tu sais comme, à regret écoutant ce discours,
Je te pressais souvent d'en abréger le cours,
Heureux si j'avais pu ravir à la mémoire[6]
Cette indigne moitié d'une si belle histoire !
95 Et moi-même, à mon tour, je me verrais lié ?
Et les Dieux jusque-là m'auraient humilié ?
Dans mes lâches soupirs[7] d'autant plus méprisable,
Qu'un long amas d'honneurs rend Thésée excusable,
Qu'aucuns[8] monstres* par moi domptés jusqu'aujourd'hui
100 Ne m'ont acquis le droit de faillir comme lui.
Quand même ma fierté pourrait s'être adoucie,
Aurais-je pour vainqueur dû choisir Aricie ?
Ne souviendrait-il plus à mes sens égarés
De l'obstacle éternel qui nous a séparés ?
105 Mon père la réprouve ; et par des lois sévères
Il défend de donner des neveux à ses frères :
D'une tige coupable il craint un rejeton ;

---

1. *Foi :* promesse de fidélité en amour ; 2. Avant d'épouser Ménélas, Hélène avait été enlevée (*dérobée*) par Thésée ; 3. Après avoir été abandonnée par Thésée, *Péribée* épousa Télamon, roi de Salamine. (Voir Index mythologique, page 29.) ; 4. *Ses injustices :* les injustices qu'elle a subies. *Ariane* est la sœur de Phèdre. (Voir page 27, et Index mythologique, page 28.) Le vers est une allusion aux célèbres plaintes d'Ariane dans Catulle (*les Noces de Thétis et de Pélée.* Poème LXIV, vers 132 et suivants) ; 5. Puisqu'elle est devenue l'épouse légitime de Thésée ; 6. *Mémoire :* souvenir de la postérité ; 7. *Lâches soupirs :* soupirs amoureux, et indignes de la *fierté* du vers 67, rappelée au vers 101 ; 8. *Aucuns,* forme de pluriel fréquente au XVIIe siècle.

■ QUESTIONS ■

● Vers 65-94. Montrez l'indignation et la fougue du début (vers 65-68). Cherchez-en les raisons (âge, caractère). — Les vers 69 à 72 n'ont-ils pas une résonance cornélienne ? En quoi ? — Comment se marque l'enthousiasme d'Hippolyte (vers 75-82) ? — Étudiez les vers 80-82 au point de vue de la forme (vocabulaire, sonorités, rimes) : l'effet produit. — Marquez le contraste des vers 83-94 avec les précédents : rythme, sonorités. — Quels sentiments éprouve Hippolyte en retraçant cet aspect de la vie de son père ? Comment se justifie psychologiquement ce long rappel des aventures de Thésée ? Comment Racine l'utilise-t-il pour les spectateurs ?

Il veut avec leur sœur ensevelir leur nom,
Et que jusqu'au tombeau soumise à sa tutelle,
110 Jamais les feux d'hymen ne s'allument pour elle.
Dois-je épouser ses droits contre un père irrité?
Donnerai-je l'exemple à la témérité?
Et dans un fol amour ma jeunesse embarquée[1]...

THÉRAMÈNE

Ah! Seigneur, si votre heure est une fois marquée,
115 Le ciel de nos raisons ne sait point s'informer[2].
Thésée ouvre vos yeux en voulant les fermer;
Et sa haine, irritant une flamme rebelle[3],
Prête à son ennemie une grâce nouvelle.
Enfin d'un chaste amour pourquoi vous effrayer?
120 S'il a quelque douceur, n'osez-vous l'essayer[4]?
En croirez-vous toujours un farouche scrupule?
Craint-on de s'égarer sur les traces d'Hercule?
Quels courages[5] Vénus n'a-t-elle point domptés?
Vous-même, où seriez-vous, vous qui la combattez,
125 Si toujours Antiope[6] à ses lois opposée,
D'une pudique ardeur n'eût brûlé pour Thésée?
Mais que sert d'affecter un superbe* discours[7]?
Avouez-le, tout change; et depuis quelques jours
On vous voit moins souvent, orgueilleux et sauvage,
130 Tantôt faire voler un char sur le rivage,
Tantôt, savant dans l'art par Neptune inventé[8],
Rendre docile au frein un coursier indompté.
Les forêts de nos cris moins souvent retentissent;
Chargés d'un feu secret, vos yeux s'appesantissent.
135 Il n'en faut point douter : vous aimez, vous brûlez;

---

1. *Embarquée* : engagée. « Ce mot, dit le P. Bouhours, a beaucoup de grâce, et est de la cour dans un sens métaphorique » ; 2. Phrase elliptique : vous aurez beau faire, car le ciel *ne sait point...;* 3. Avivant un amour contraire à ses volontés ; 4. *Essayer* : faire l'expérience de ; 5. *Courage* : cœur ; 6. *Antiope* : la mère d'Hippolyte (voir vers 69 et l'Index mythologique, page 28) ; 7. *Discours* : langage ; 8. L'équitation.

QUESTIONS

● VERS 95-113. Quels sont les arguments d'Hippolyte pour condamner son amour? Hippolyte se sent-il cependant responsable de ce qu'il considère comme une faute? Pourquoi Racine a-t-il tenu à faire de l'amour du jeune prince un amour lui aussi coupable? Dans quelle mesure peut-on voir dans les vers 98 et 100 une allusion à Louis XIV?
● VERS 65-113. La composition de cette tirade : sur quels arguments se fonde Hippolyte pour justifier l'idéal auquel il veut rester fidèle?

Vous périssez d'un mal que vous dissimulez.
La charmante* Aricie a-t-elle su vous plaire?

HIPPOLYTE

Théramène, je pars, et vais chercher mon père.

THÉRAMÈNE

Ne verrez-vous point Phèdre avant que de partir,
140 Seigneur?

HIPPOLYTE

C'est mon dessein : tu peux l'en avertir.
Voyons-la, puisqu'ainsi mon devoir me l'ordonne.
Mais quel nouveau malheur trouble sa chère Œnone?

SCÈNE II. — HIPPOLYTE, ŒNONE, THÉRAMÈNE.

ŒNONE

Hélas! Seigneur, quel trouble au mien peut être égal?
La Reine touche presque à son terme fatal*.

─────── ● QUESTIONS ───────

● VERS 114-137. L'argumentation de Théramène. — Quel effet produit l'ellipse vigoureuse des vers 114-115? Quelle valeur accorder au vers 123? On a reproché à Racine l'argument des vers 124-126, qui est celui d'Henriette dans *les Femmes savantes*, de Molière (vers 77 et suivants) : est-il, selon vous, conforme à la dignité tragique? — Comment le rythme des vers 129-134 et leurs sonorités suppléent-ils ici à leur insuffisance de pittoresque pour un lecteur moderne?
● VERS 138-142. Pourquoi Hippolyte ne répond-il pas à la question posée par Théramène au vers 137? Que traduit la sécheresse du vers 138? — Est-il normal qu'Hippolyte ait l'intention de prendre congé de Phèdre?

■ SUR L'ENSEMBLE DE LA SCÈNE PREMIÈRE. — Sur quel mouvement dramatique est fondée cette scène (voir vers 1 et 138)? Quels motifs Hippolyte invoque-t-il pour justifier son départ? Ont-ils tous la même valeur?
— Le rôle de Théramène : le gouverneur connaît-il bien son élève? A quel sentiment se heurte-t-il chez Hippolyte quand il veut savoir la véritable raison de son départ? Les rapports entre le gouverneur et le prince dans cette scène.
— Comment l'exposition est-elle faite par cette scène? Que savons-nous de Thésée, de Phèdre, d'Aricie?
— Comment Racine a-t-il su, dès la première scène, rendre vivante l'atmosphère légendaire et sensuelle où va se dérouler le drame? Dégagez les éléments poétiques de cette première scène (évocations, sonorités des mots, fluidité du rythme). Montrez que la Grèce mythologique prend cependant une certaine actualité pour le spectateur de 1677 : en quoi les mœurs de la cour de Thésée ressemblent-elles à celles de la cour de Louis XIV?

145 En vain à l'observer jour et nuit je m'attache :
Elle meurt dans mes bras d'un mal qu'elle me cache.
Un désordre éternel règne dans son esprit.
Son chagrin inquiet[1] l'arrache de son lit.
Elle veut voir le jour; et sa douleur profonde
150 M'ordonne toutefois d'écarter tout le monde...
Elle vient.

HIPPOLYTE

Il suffit : je la laisse en ces lieux,
Et ne lui montre point un visage odieux.

Scène III. — PHÈDRE, ŒNONE.

PHÈDRE

N'allons point plus avant. Demeurons, chère Œnone.
Je ne me soutiens plus : ma force m'abandonne.
155 Mes yeux sont éblouis du jour que je revoi[2],
Et mes genoux tremblants se dérobent sous moi.
Hélas!   (*Elle s'assit*[3].)

ŒNONE

Dieux tout-puissants, que nos pleurs vous apaisent!

PHÈDRE

Que ces vains ornements, que ces voiles me pèsent!
Quelle importune main, en formant tous ces nœuds,
160 A pris soin sur mon front d'assembler mes cheveux?
Tout m'afflige[4] et me nuit, et conspire à me nuire.

ŒNONE

Comme on voit tous ses vœux l'un l'autre se détruire!

---

1. *Inquiet :* qui ne lui laisse pas de repos (sens actif); 2. *Revoi*, orthographe ancienne, licence poétique autorisée à la rime au XVIIe siècle; 3. *S'assit*, autre forme pour *s'assied*. Cette dernière était déjà la seule considérée comme régulière par Vaugelas; 4. *Affliger :* accabler.

— QUESTIONS —

■ Sur la scène II. — L'utilité dramatique d'une telle scène (vers 150). L'entrevue de Phèdre et d'Hippolyte, prévue au vers 140, aura-t-elle lieu? Montrez que l'annonce de l'entrée de Phèdre provoque une attention et un intérêt redoublés. — Quels sentiments le spectateur ressent-il pour l'héroïne? — Pourquoi Racine précise-t-il dès les premiers mots l'état d'esprit d'Œnone (vers 143)?

● Vers 153-161. Qu'impose le texte à l'actrice qui joue le rôle de Phèdre, et au metteur en scène? — Pourquoi cette abondance de détails physiques et concrets? — Les indications scéniques sont extrêmement rares chez Racine; pourquoi celle du vers 157 (*Elle s'assit*)?

Vous-même, condamnant vos injustes desseins,
Tantôt à vous parer vous excitiez nos mains;
165 Vous-même, rappelant votre force première,
Vous vouliez vous montrer et revoir la lumière.
Vous la voyez, Madame; et prête à vous cacher,
Vous haïssez le jour que vous veniez chercher?

PHÈDRE

Noble et brillant auteur d'une triste famille,
170 Toi, dont ma mère osait se vanter d'être fille[1],
Qui peut-être rougis* du trouble où tu me vois,
Soleil, je te viens voir pour la dernière fois.

ŒNONE

Quoi? vous ne perdrez point cette cruelle envie?
Vous verrai-je toujours, renonçant à la vie,
175 Faire de votre mort les funestes* apprêts?

PHÈDRE

Dieux! que ne suis-je assise à l'ombre des forêts!
Quand pourrai-je, au travers d'une noble poussière,
Suivre de l'œil un char fuyant dans la carrière?

ŒNONE

Quoi, Madame?

PHÈDRE

Insensée, où suis-je? et qu'ai-je dit?
180 Où laissé-je égarer mes vœux et mon esprit?
Je l'ai perdu : les Dieux m'en ont ravi l'usage.
Œnone, la rougeur* me couvre le visage :
Je te laisse trop voir mes honteuses douleurs;

---

1. La mère de Phèdre, Pasiphaé, était fille du Soleil (voir le tableau de la page 27).

● QUESTIONS ──────────

● VERS 162-168. Montrez que le vers 162 est un aparté. Quel est l'intérêt de ce rappel des contradictions de Phèdre? Sur quel ton imaginez-vous qu'il doit être dit? — Quel procédé Racine emploie-t-il dans les vers 165-168 et quel effet en résulte?

● VERS 169-175. Étudiez le rythme et l'ampleur de l'invocation de Phèdre; dégagez-en la majestueuse grandeur. Quelle émotion s'y mêle? Expliquez, en vous aidant de la généalogie de Phèdre (page 27) et de l'Index mythologique (page 28), la signification des vers 169-172. — Montrez que, dans ces deux répliques, chaque personnage parle pour lui, enfermé dans ses préoccupations. Quel effet cela produit-il sur le spectateur?

Et mes yeux, malgré moi, se remplissent de pleurs.

ŒNONE

185 Ah! s'il vous faut rougir*, rougissez d'un silence
Qui de vos maux encore aigrit[1] la violence.
Rebelle à tous nos soins, sourde à tous nos discours,
Voulez-vous sans pitié laisser finir vos jours?
Quelle fureur* les borne au milieu de leur course?
190 Quel charme* ou quel poison en a tari la source?
Les ombres par trois fois ont obscurci les cieux
Depuis que le sommeil n'est entré dans vos yeux,
Et le jour a trois fois chassé la nuit obscure
Depuis que votre corps languit sans nourriture.
195 A quel affreux dessein vous laissez-vous tenter?
De quel droit sur vous-même osez-vous attenter?
Vous offensez les Dieux auteurs de votre vie;
Vous trahissez* l'époux à qui la foi[2] vous lie;
Vous trahissez* enfin vos enfants malheureux,
200 Que vous précipitez sous un joug rigoureux.
Songez qu'un même jour leur ravira leur mère,
Et rendra l'espérance au fils de l'étrangère,
A ce fier ennemi de vous, de votre sang*,
Ce fils qu'une Amazone a porté dans son flanc,
205 Cet Hippolyte...

PHÈDRE

Ah, Dieux!

ŒNONE

Ce reproche vous touche.

------

1. *Aigrir* : exaspérer, augmenter ; 2. *Foi* : voir la note du vers 84.

——— ● QUESTIONS ———

● Vers 176-184. De quelles forêts, de quel char s'agit-il? Rapprochez les vers 176-178 des vers 130-133. Les mêmes images ont-elles la même résonance chez Théramène et chez Phèdre? — Le brusque réveil de Phèdre (vers 179) : pourquoi cette peur soudaine? Qu'est-ce qui, dans les vers 179-184, inspire la pitié? Phèdre apparaît-elle responsable ici? Comparez les vers 181-182 aux vers 96-97 prononcés par Hippolyte : en quoi consiste leur troublante analogie?
● Vers 185-205. Analysez cette tirade d'Œnone : les différents arguments et leur progression; pourquoi terminer sur les considérations des vers 201-205? La périphrase du vers 204 ne montre-t-elle pas qu'Œnone cherche à atteindre chez Phèdre autre chose encore que le sentiment maternel? — Quelle valeur psychologique et symbolique peut-on attacher aux périphrases que la nourrice emploie (vers 191-194) pour désigner les réalités les plus concrètes?

PHÈDRE

Malheureuse, quel nom est sorti de ta bouche?

ŒNONE

Hé bien! votre colère éclate avec raison :
J'aime à vous voir frémir à ce funeste* nom.
Vivez donc. Que l'amour, le devoir vous excite[1].
210 Vivez, ne souffrez pas que le fils d'une Scythe,
Accablant vos enfants d'un empire[2] odieux,
Commande au plus beau sang* de la Grèce et des Dieux[3].
Mais ne différez point : chaque moment vous tue.
Réparez promptement votre force abattue.
215 Tandis que de vos jours, prêts à[4] se consumer,
Le flambeau dure encore, et peut se rallumer.

PHÈDRE

J'en ai trop prolongé la coupable durée.

ŒNONE

Quoi? de quelque remords êtes-vous déchirée?
Quel crime a pu produire un trouble si pressant[5]?
220 Vos mains n'ont point trempé dans le sang* innocent?

PHÈDRE

Grâces au ciel, mes mains ne sont point criminelles.
Plût aux Dieux que mon cœur fût innocent comme elles!

ŒNONE

Et quel affreux projet avez-vous enfanté
Dont votre cœur encor doive être épouvanté?

PHÈDRE

225 Je t'en ai dit assez. Épargne-moi le reste.

---

1. *Exciter* : animer. Suivant l'usage du xviie siècle, le verbe s'accorde avec le sujet le plus proche; 2. *Empire* : autorité, puissance; 3. Les enfants de Phèdre ont pour père le héros Thésée et pour aïeul le Soleil (voir page 27); 4. *Prêt à* et *près de* sont fréquemment pris l'un pour l'autre au xviie siècle; 5. *Pressant* : accablant.

QUESTIONS

● Vers 205-217. Commentez le vers 205 : quel sens a le cri de Phèdre?
— L'ironie tragique de la méprise d'Œnone : expliquez ce qui, dans la réaction de Phèdre, justifie l'optimisme de la nourrice (vers 207-209).
— Comment le quiproquo se développe-t-il aux vers 210-216? Quels peuvent être alors les sentiments de Phèdre? Montrez le parallélisme entre cette erreur d'Œnone et celles de Théramène dans la scène première. — Importance du vers 217 : quel sens imprime-t-il à la suite de la scène?

Je meurs, pour ne point faire un aveu si funeste*.

ŒNONE

Mourez donc, et gardez un silence inhumain;
Mais pour fermer vos yeux cherchez une autre main.
Quoiqu'il vous reste à peine une faible lumière[1],
230 Mon âme chez les morts descendra la première.
Mille chemins* ouverts y conduisent toujours,
Et ma juste douleur[2] choisira les plus courts.
Cruelle, quand ma foi[3] vous a-t-elle déçue?
Songez-vous qu'en naissant mes bras vous ont reçue?
235 Mon pays, mes enfants, pour vous j'ai tout quitté.
Réserviez-vous ce prix à ma fidélité?

PHÈDRE

Quel fruit espères-tu de tant de violence?
Tu frémiras d'horreur* si je romps le silence.

ŒNONE

Et que me direz-vous qui ne cède, grands Dieux!
240 A l'horreur* de vous voir expirer à mes yeux?

PHÈDRE

Quand tu sauras mon crime, et le sort qui m'accable,
Je n'en mourrai pas moins, j'en mourrai plus coupable.

ŒNONE

Madame, au nom des pleurs que pour vous j'ai versés,
Par vos faibles genoux que je tiens embrassés,
245 Délivrez mon esprit de ce funeste* doute.

PHÈDRE

Tu le veux. Lève-toi.

ŒNONE

Parlez, je vous écoute.

---

1. *Lumière* : vie; 2. *Douleur* : ressentiment; 3. *Foi* : fidélité.

QUESTIONS

● VERS 218-226. Pourquoi Œnone change-t-elle de ton? Montrez que la découverte de son erreur entraîne chez elle un effroi plus grand, sensible dans le ton et le vocabulaire qu'elle emploie. — Pourquoi Phèdre reprend-elle les mots de sa nourrice (vers 221-222) sans les appliquer exactement aux mêmes notions? Quelle victoire Œnone vient-elle de remporter? Phèdre peut-elle s'arrêter dans la voie des aveux (vers 225-226)?

PHÈDRE

Ciel! que lui vais-je dire, et par où commencer?

ŒNONE

Par de vaines frayeurs cessez de m'offenser[1].

PHÈDRE

O haine de Vénus! O fatale* colère!
250 Dans quels égarements l'amour jeta ma mère[2]!

ŒNONE

Oublions-les, Madame; et qu'à tout l'avenir
Un silence éternel cache ce souvenir.

PHÈDRE

Ariane, ma sœur, de quel amour blessée,
Vous mourûtes aux bords où vous fûtes laissée[3]!

ŒNONE

255 Que faites-vous, Madame? et quel mortel ennui[4]
Contre tout votre sang vous anime aujourd'hui?

PHÈDRE

Puisque Vénus le veut, de ce sang* déplorable
Je péris la dernière et la plus misérable.

ŒNONE

Aimez-vous?

PHÈDRE

De l'amour j'ai toutes les fureurs*.

ŒNONE

260 Pour qui?

---

1. *Offenser :* faire mal; 2. *Mère :* voir note du vers 82; 3. *Laissée :* voir note du vers 89; 4. *Ennui* (sens très fort au XVIIe siècle) : tourment insupportable.

■ QUESTIONS ━━━━━━━━━━━━━━

● Vers 227-248. Quel est l'argument suprême d'Œnone (vers 227-236) pour ébranler Phèdre? La nature du sentiment qui attache la nourrice à Phèdre. — Montrez que, dans les vers 237-242, le malentendu tragique reste entier entre les deux personnages. Quelle atténuation Phèdre apporte-t-elle encore à sa responsabilité au vers 241? En quoi le vers 242 résume-t-il, du point de vue de Phèdre, toute l'action de la tragédie? — Pourquoi, au vers 246, Phèdre veut-elle qu'Œnone se relève pour l'écouter? A quoi tient la force brutale des deux hémistiches du vers 246? Quelle tension psychologique entre les deux personnages montrent les vers 247-248? Les deux questions du vers 247 sont-elles sur le même plan et procèdent-elles du même sentiment?

PHÈDRE

Tu vas ouïr le comble des horreurs*.
J'aime... A ce nom fatal*, je tremble, je frissonne,
J'aime...

ŒNONE

Qui?

PHÈDRE

Tu connais ce fils de l'Amazone,
Ce prince si longtemps par moi-même opprimé?

ŒNONE

Hippolyte? Grands Dieux!

PHÈDRE

C'est toi qui l'as nommé.

ŒNONE

265 Juste ciel! tout mon sang dans mes veines se glace.
O désespoir! ô crime! ô déplorable race!
Voyage infortuné! Rivage malheureux,
Fallait-il approcher de tes bords dangereux?

PHÈDRE

Mon mal vient de plus loin. A peine au fils d'Égée
270 Sous les lois de l'hymen je m'étais engagée,
Mon repos, mon bonheur semblait être affermi;
Athènes me montra mon superbe* ennemi.
Je le vis, je rougis*, je pâlis à sa vue;
Un trouble s'éleva dans mon âme éperdue[1];
275 Mes yeux ne voyaient plus, je ne pouvais parler;

---

1. *Eperdue* : égarée, hors d'elle-même.

─────── QUESTIONS ───────

● Vers 249-268. Les lamentations de Phèdre (vers 249-258) sont-elles destinées à retarder son aveu ou à l'aider? A quoi tient la musique funèbre des vers 253-254? Pourquoi l'image de sa sœur mourante et dont elle a causé la mort s'impose-t-elle ici à l'esprit de Phèdre? — Un vers tout à fait semblable au vers 258, à la fin d'un mouvement analogue, se retrouve dans la bouche d'Antigone chez Sophocle (vers 891) : en quoi caractérise-t-il parfaitement une héroïne de tragédie? — Pourquoi Phèdre ne nomme-t-elle pas directement celui qu'elle aime? Quel allégement à sa responsabilité cela apporte-t-il, suivant la religion grecque antique? Rapprochez les déplorations d'Œnone des lamentations du chœur dans la tragédie antique, et comparez-en les thèmes avec ceux des vers 249-258.

Je sentis tout mon corps et transir[1] et brûler.
Je reconnus Vénus et ses feux redoutables,
D'un sang* qu'elle poursuit tourments inévitables.
Par des vœux assidus je crus les détourner :
280 Je lui bâtis un temple, et pris soin de l'orner[2].
De victimes moi-même à toute heure entourée,
Je cherchais dans leurs flancs ma raison égarée.
D'un incurable amour remèdes impuissants[3] !
En vain sur les autels ma main brûlait l'encens :
285 Quand ma bouche implorait le nom de la Déesse,
J'adorais Hippolyte ; et le voyant sans cesse,
Même au pied des autels que je faisais fumer,
J'offrais tout à ce dieu que je n'osais nommer.
Je l'évitais partout. O comble de misère !
290 Mes yeux le retrouvaient dans les traits de son père.
Contre moi-même enfin j'osai me révolter :
J'excitai mon courage à le persécuter.
Pour bannir l'ennemi dont j'étais idolâtre,
J'affectai les chagrins[4] d'une injuste marâtre ;
295 Je pressai son exil, et mes cris éternels
L'arrachèrent du sein et des bras paternels.
Je respirais, Œnone ; et depuis son absence,
Mes jours moins agités coulaient dans l'innocence.
Soumise à mon époux, et cachant mes ennuis[5],
300 De son fatal* hymen je cultivais les fruits[6].
Vaines précautions ! Cruelle destinée !
Par mon époux lui-même à Trézène amenée,
J'ai revu l'ennemi que j'avais éloigné :
Ma blessure trop vive aussitôt a saigné.
305 Ce n'est plus une ardeur dans mes veines cachée :
C'est Vénus tout entière à sa proie attachée[7].
J'ai conçu pour mon crime une juste terreur ;
J'ai pris la vie en haine, et ma flamme en horreur*.
Je voulais en mourant prendre soin de ma gloire[8],

---

1. *Transir :* être saisi de froid ; 2. Vénus parle elle-même de ce temple dans le prologue de la tragédie d'Euripide (vers 29-33) ; 3. Racine se souvient ici de Virgile dépeignant la passion de Didon (*Enéide,* IV, vers 62-66) : « Didon renouvelle tout le jour ses sacrifices, et, penchée avidement sur les flancs ouverts des victimes, elle interroge leurs entrailles palpitantes. Hélas ! que servent à une âme en délire et les vœux et les temples ? » ; 4. *Chagrin :* humeur malveillante ; 5. *Ennuis :* voir vers 255 et la note ; 6. Les enfants qu'elle a eus de Thésée ; 7. Souvenir probable d'Horace (*Odes,* I, xix, 9) : *In me tota ruens Venus* (« Vénus fondant sur moi tout entière ») ; 8. *Gloire :* honneur.

310 Et dérober au jour une flamme si noire :
   Je n'ai pu soutenir tes larmes, tes combats;
   Je t'ai tout avoué; je ne m'en repens pas,
   Pourvu que de ma mort respectant les approches,
   Tu ne m'affliges plus par d'injustes reproches,
315 Et que tes vains secours cessent de rappeler
   Un reste de chaleur tout prêt à[1] s'exhaler.

----

1. *Prêt à :* voir vers 215 et la note.

QUESTIONS

● VERS 269-316. Composition d'ensemble de cette tirade; pourquoi
Phèdre peut-elle maintenant faire avec lucidité ce retour sur son passé?
— Expliquez l'antithèse des vers 271-272. Quel effet produit la personnification d'Athènes? — Étudiez l'accumulation des verbes, le rythme et
l'utilisation de l'asyndète dans les vers 273-275; montrez la force du
vers 276 : comment ces vers reflètent-ils la passion que Phèdre éprouve?
— L'importance des vers 277-278 pour le personnage de Phèdre et pour
la signification de la tragédie : rapprochez-les des vers 270-271; cherchez
dans la suite de cette tirade des vers de même sens. Pourquoi la piété
de Phèdre a-t-elle été impuissante à guérir son amour (vers 283-288)?
— Comment Racine a-t-il exprimé le caractère irrésistible de l'obsession
de Phèdre? Montrez que le vers 290 représente un sommet dans la
description de cet amour. — Relevez dans les vers 291-300 tous les
termes qui expriment le caractère illusoire et fallacieux de cette « révolte »
de Phèdre. Quelle lumière jette le vers 298 sur le caractère de Phèdre?
Quel est le son cinq fois répété qui fait l'implacable dureté du second
hémistiche du vers 306? — Quelle nouvelle étape dans le malheur
décrivent les vers 308-312? Phèdre pense-t-elle qu'Œnone en est responsable, ou ne voit-elle en sa nourrice qu'un instrument du destin qui
la poursuit? Montrez l'ironie tragique des vers 312-316. — A quelle
conclusion aboutit cette confession de Phèdre? L'aveu lui a-t-il procuré
quelque soulagement? Est-elle dans le même état d'âme qu'au début
de la scène? — Pourquoi Racine coupe-t-il la scène après cette tirade
sans redonner la parole à Œnone?

■ SUR L'ENSEMBLE DE LA SCÈNE III. — Montrez que le mouvement
d'ensemble de cette scène reprend celui de la scène première, en en
accentuant tous les traits. Quelle conclusion tirer de ce parallélisme sur
le plan esthétique?

   — Comment, dans l'introduction de la scène, jusqu'au vers 184,
chacune des répliques de Phèdre caractérise-t-elle exactement un aspect
de son personnage? — Du vers 185 à la fin, quels sont les trois mouvements de la scène?

   — Montrez que Phèdre cherche à atténuer sa culpabilité dans cette
scène. S'abandonne-t-elle à sa passion sans réagir? Ses efforts sont-ils
récompensés? Quels rapprochements peut-on faire ici avec le jansénisme? Soulignez le pathétique de la situation de Phèdre.

   — Comparez cette scène à la scène correspondante d'Euripide (voir
la Documentation thématique).

Scène IV. — PHÈDRE, ŒNONE, PANOPE.

PANOPE

Je voudrais vous cacher une triste[1] nouvelle,
Madame; mais il faut que je vous la révèle.
La mort vous a ravi votre invincible époux;
320 Et ce malheur n'est plus ignoré que de vous.

ŒNONE

Panope, que dis-tu?

PANOPE

Que la Reine abusée[2]
En vain demande au ciel le retour de Thésée;
Et que par des vaisseaux arrivés dans le port
Hippolyte, son fils, vient d'apprendre sa mort.

PHÈDRE

325 Ciel!

PANOPE

Pour le choix d'un maître Athènes se partage.
Au Prince votre fils l'un donne son suffrage,
Madame; et de l'État l'autre oubliant les lois,
Au fils de l'étrangère ose donner sa voix.
On dit même qu'au trône une brigue[3] insolente
330 Veut placer Aricie et le sang* de Pallante[4].
J'ai cru de ce péril vous devoir avertir.
Déjà même Hippolyte est tout prêt à partir;
Et l'on craint, s'il paraît dans ce nouvel[5] orage,
Qu'il n'entraîne après lui tout un peuple volage.

---

1. *Triste :* funeste (sens fort); 2. *Abusée :* voir vers 21 et la note;
3. *Brigue :* intrigues d'un parti, cabale; 4. *Pallante :* voir note du vers 53;
5. *Nouvel :* imprévu (vers 340 : *nouveau*, même sens).

--- **QUESTIONS** ---

■ Sur la scène IV. — Au moment où Phèdre vient de conclure qu'il ne lui reste plus qu'à mourir, arrive la nouvelle de la mort de Thésée. Est-ce un artifice extérieur destiné à faire rebondir l'action? Cette nouvelle n'est-elle pas justifiée à l'avance? Par quoi?

— Pourquoi Racine ne met-il qu'une exclamation dans la bouche de Phèdre? Quelle signification lui accorder?

— Vers quel genre de tragédie pourrait-on maintenant glisser? Comment la vraisemblance oblige-t-elle Panope à poser la question de la succession au trône?

ŒNONE

335 Panope, c'est assez. La Reine, qui t'entend,
Ne négligera point cet avis important.

Scène V. — PHÈDRE, ŒNONE.

ŒNONE

Madame, je cessais de vous presser de vivre;
Déjà même au tombeau je songeais à vous suivre;
Pour vous en détourner je n'avais plus de voix;
340 Mais ce nouveau malheur vous prescrit d'autres lois.
Votre fortune[1] change et prend une autre face :
Le Roi n'est plus, Madame; il faut prendre sa place.
Sa mort vous laisse un fils à qui vous vous devez,
Esclave s'il vous perd, et roi si vous vivez.
345 Sur qui, dans son malheur, voulez-vous qu'il s'appuie?
Ses larmes n'auront plus de main qui les essuie;
Et ses cris innocents, portés jusques aux Dieux,
Iront contre sa mère irriter ses aïeux.
Vivez, vous n'avez plus de reproche à vous faire.
350 Votre flamme devient une flamme ordinaire.
Thésée en expirant vient de rompre les nœuds
Qui faisaient tout le crime et l'horreur* de vos feux.
Hippolyte pour vous devient moins redoutable;
Et vous pouvez le voir sans vous rendre coupable.
355 Peut-être, convaincu de votre aversion,
Il va donner un chef à la sédition.
Détrompez son erreur, fléchissez son courage[2].
Roi[3] de ces bords heureux, Trézène est son partage.
Mais il sait que les lois donnent à votre fils
360 Les superbes* remparts que Minerve a bâtis[4].
Vous avez l'un et l'autre une juste[5] ennemie :
Unissez-vous tous deux pour combattre Aricie.

PHÈDRE

Hé bien! à tes conseils je me laisse entraîner.
Vivons, si vers la vie on peut me ramener,

---

1. *Fortune* : sort, situation; 2. *Courage* : voir vers 123 et la note; 3. *Roi* est en apposition à *lui*, dont l'idée est contenue dans *son*; 4. Les remparts d'Athènes; 5. *Juste* : légitime; il s'agit d'Aricie (voir Index mythologique, page 28).

365 Et si l'amour d'un fils en ce moment funeste*
De mes faibles esprits peut ranimer le reste.

ACTE II

Scène première. — ARICIE, ISMÈNE.

ARICIE

Hippolyte demande à me voir en ce lieu?
Hippolyte me cherche, et veut me dire adieu?
Ismène, dis-tu vrai? N'es-tu point abusée[1]?

ISMÈNE

370 C'est le premier effet de la mort de Thésée.
Préparez-vous, Madame, à voir de tous côtés
Voler vers vous les cœurs par Thésée écartés.
Aricie à la fin de son sort est maîtresse,
Et bientôt à ses pieds verra toute la Grèce.

---

1. *Abusée* : voir vers 51 et la note.

─── **QUESTIONS** ───

■ Sur la scène v. — Analysez les arguments successifs d'Œnone. Lesquels sont les plus capables de faire impression sur Phèdre et de la rattacher à la vie? Ce discours est-il habile? Cherchez des formules nettes et concises par lesquelles Œnone veut pousser Phèdre à la décision; comment s'explique l'énergie d'Œnone?

— Quel rôle Œnone joue-t-elle exactement ici? Est-ce conscient de sa part ou bien est-elle aveuglée par son attachement pour Phèdre? Importance du vers 354.

— Phèdre est-elle sincère en ne retenant qu'une seule des raisons de vivre qu'Œnone lui propose?

■ Sur l'ensemble de l'acte premier. — Montrez qu'après les deux aveux (scène première et scène III) l'exposition est finie et que l'événement qui noue l'action — l'annonce de la mort de Thésée — est de la même façon capital pour les deux personnages essentiels, Hippolyte et Phèdre.

— Faites le point de la situation à la fin de cet acte. Une tragédie peut-elle être évitée?

— Le personnage de Phèdre, tel que ce premier acte l'a campé. La nécessité dramatique de la présence d'Œnone.

— Comment Racine réussit-il dans cet acte à créer l'image d'une Grèce légendaire et mythique, sans avoir cependant recours aux moyens extérieurs (décors et costumes)?

ARICIE

375 Ce n'est donc point, Ismène, un bruit mal affermi?
Je cesse d'être esclave, et n'ai plus d'ennemi?

ISMÈNE

Non, Madame, les Dieux ne vous sont plus contraires;
Et Thésée a rejoint les mânes de vos frères.

ARICIE

Dit-on quelle aventure[1] a terminé ses jours?

ISMÈNE

380 On sème de sa mort d'incroyables discours[2].
On dit que, ravisseur d'une amante nouvelle,
Les flots ont englouti cet époux infidèle.
On dit même, et ce bruit est partout répandu,
Qu'avec Pirithoüs[3] aux enfers descendu,
385 Il a vu le Cocyte[4] et les rivages sombres,
Et s'est montré vivant aux infernales ombres;
Mais qu'il n'a pu sortir de ce triste[5] séjour,
Et repasser les bords qu'on passe sans retour.

ARICIE

Croirai-je qu'un mortel, avant sa dernière heure,
390 Peut[6] pénétrer des morts la profonde demeure?
Quel charme* l'attirait sur ces bords redoutés?

ISMÈNE

Thésée est mort, Madame, et vous seule en doutez.
Athènes en gémit, Trézène en est instruite,
Et déjà pour son roi reconnaît Hippolyte.
395 Phèdre, dans ce palais, tremblante[7] pour son fils,

---

1. *Aventure* : événement accidentel ; 2. *Discours* : récits accompagnés de commentaires ; 3. *Pirithoüs* : compagnon de Thésée (voir l'Index mythologique, page 28) ; 4. *Le Cocyte* : fleuve d'Epire, comme l'Achéron, et qui passait, comme lui, pour communiquer avec les Enfers (voir la carte, page 22, et l'Index mythologique, page 28) ; 5. *Triste* : voir vers 317 et la note ; 6. *Peut*. L'indicatif insiste sur la réalité du fait ; 7. *Tremblante*. L'accord du participe présent est encore chose fréquente au XVIIe siècle.

● **QUESTIONS**

● Vers 367-396. Quelle décision Hippolyte a-t-il prise pendant l'entracte? Aricie semble-t-elle avoir beaucoup de confiance? Quel sentiment manifeste-t-elle d'abord, et avec quelle impétuosité?

— Quel aspect de la situation nouvelle frappe surtout Ismène? Pourquoi, au vers 392, Ismène ne répond-elle pas à la question d'Aricie?

« Non, Madame, les Dieux ne vous sont plus contraires. »

(Vers 377.)

PHÈDRE À LA COMÉDIE-FRANÇAISE (1954)

Ismène (Christiane Carpentier) et Aricie (Mony Dalmès).

De ses amis troublés demande les avis.

ARICIE

Et tu crois que pour moi plus humain que son père,
Hippolyte rendra ma chaîne plus légère?
Qu'il plaindra mes malheurs?

ISMÈNE

Madame, je le croi[1].

ARICIE

400 L'insensible Hippolyte est-il connu de toi?
Sur quel frivole espoir penses-tu qu'il me plaigne,
Et respecte en moi seule un sexe qu'il dédaigne?
Tu vois depuis quel temps il évite nos pas,
Et cherche tous les lieux où nous ne sommes pas.

ISMÈNE

405 Je sais de ses froideurs tout ce que l'on récite[2];
Mais j'ai vu près de vous ce superbe* Hippolyte;
Et même, en le voyant[3], le bruit[4] de sa fierté[5]
A redoublé pour lui ma curiosité.
Sa présence[6] à ce bruit n'a point paru répondre:
410 Dès vos premiers regards je l'ai vu se confondre[7].
Ses yeux, qui vainement voulaient vous éviter,
Déjà pleins de langueur, ne pouvaient vous quitter.
Le nom d'amant peut-être offense son courage[8];
Mais il en a les yeux, s'il n'en a le langage.

ARICIE

415 Que mon cœur, chère Ismène, écoute avidement
Un discours qui peut-être a peu de fondement!
O toi qui me connais, te semblait-il croyable
Que le triste jouet d'un sort impitoyable,
Un cœur toujours nourri d'amertume et de pleurs

---

1. *Croi* : voir vers 155 et la note; 2. *Réciter* : voir vers 83 et la note;
3. *En le voyant* : pendant que je le voyais. Au XVIIe siècle, le participe
précédé de *en* pouvait avoir un sujet différent de celui du verbe à mode
personnel; 4. *Bruit* : renom; 5. *Fierté* : voir le sens de *fier*, vers 67 et la note;
6. *Présence* : manière d'être; 7. *Se confondre* : se troubler; 8. *Courage* :
voir vers 123 et la note.

─────── **QUESTIONS** ───────

● VERS 397-414. Aricie raisonne-t-elle ici en princesse captive ou en
amoureuse? Montrez qu'elle ne demande que confirmation de ce qu'elle
pressent déjà. — Que pensez-vous du trait de caractère qu'Ismène
manifeste aux vers 407-409? A quel niveau se placent les sentiments
des confidents? Comment Ismène ouvre-t-elle les yeux d'Aricie sur les
sentiments d'Hippolyte à son égard?

420 Dût connaître l'amour et ses folles douleurs?
     Reste du sang* d'un roi, noble fils de la Terre[1],
     Je suis seule échappée aux fureurs* de la guerre.
     J'ai perdu, dans la fleur de leur jeune saison,
     Six frères[2]... Quel espoir d'une illustre maison!
425 Le fer moissonna tout; et la terre humectée
     But à regret le sang* des neveux[3] d'Erechthée.
     Tu sais, depuis leur mort, quelle sévère loi
     Défend à tous les Grecs de soupirer pour moi :
     On craint que de la sœur les flammes téméraires
430 Ne raniment un jour la cendre de ses frères.
     Mais tu sais bien aussi de quel œil dédaigneux
     Je regardais ce soin[4] d'un vainqueur soupçonneux.
     Tu sais que de tout temps à l'amour opposée,
     Je rendais souvent grâce à l'injuste Thésée.
435 Dont l'heureuse rigueur secondait mes mépris.
     Mes yeux alors, mes yeux n'avaient pas vu son fils.
     Non que par les yeux seuls lâchement enchantée*[5],
     J'aime en lui sa beauté, sa grâce tant vantée,
     Présents dont la nature a voulu l'honorer,
440 Qu'il méprise lui-même, et qu'il semble ignorer.
     J'aime, je prise en lui de plus nobles richesses,
     Les vertus de son père, et non point les faiblesses.
     J'aime, je l'avoucrai, cet orgueil généreux[6]
     Qui jamais n'a fléchi sous le joug* amoureux.
445 Phèdre en vain s'honorait des soupirs de Thésée :
     Pour moi, je suis plus fière, et fuis la gloire aisée
     D'arracher un hommage à mille autres offert,
     Et d'entrer dans un cœur de toutes parts ouvert.
     Mais de faire fléchir un courage[7] inflexible,
450 De porter la douleur dans une âme insensible,
     D'enchaîner un captif de ses fers étonné[8],
     Contre un joug qui lui plaît vainement mutiné :
     C'est là ce que je veux, c'est là ce qui m'irrite[9];
     Hercule à désarmer coûtait moins qu'Hippolyte;
455 Et vaincu plus souvent, et plus tôt surmonté,

1. *Terre* : voir Index mythologique, page 29 ; 2. Cinquante, d'après Plutarque ; 3. *Neveux* : descendants ; 4. *Soin* : préoccupation ; 5. *Lâchement enchantée* : envoûtée par une faiblesse honteuse comme par un charme magique ; 6. *Généreux* : qui est la marque d'une noble race ; 7. *Courage* : voir vers 123 et la note ; 8. *Étonné*. Le mot a, au XVIIe siècle, un sens plus fort que de nos jours ; 9. *Irriter* : animer, exciter.

Préparait moins de gloire aux yeux qui l'ont dompté.
Mais, chère Ismène, hélas! quelle est mon imprudence!
On ne m'opposera que trop de résistance.
Tu m'entendras peut-être, humble dans mon ennui[1],
460 Gémir du même orgueil que j'admire aujourd'hui.
Hippolyte aimerait? Par quel bonheur extrême
Aurais-je pu fléchir...

ISMÈNE

Vous l'entendrez lui-même :
Il vient à vous.

SCÈNE II. — HIPPOLYTE, ARICIE, ISMÈNE.

HIPPOLYTE

Madame, avant que de partir,
J'ai cru de votre sort vous devoir avertir.
465 Mon père ne vit plus. Ma juste[2] défiance
Présageait les raisons de sa trop longue absence.
La mort seule, bornant ses travaux[3] éclatants,
Pouvait à l'univers le cacher si longtemps.
Les Dieux livrent enfin à la Parque homicide

_____

1. *Ennui :* voir vers 255 et la note; 2. *Juste :* voir vers 361 et la note;
3. *Travaux :* exploits.

———— QUESTIONS ————

● VERS 415-462. Composition de cette tirade. Qu'est-ce qui pousse Aricie à rappeler un long passé de malheur? — A quelle autre héroïne célèbre de Racine fait-elle penser aux vers 418-419 et 421-422? Quel effet produit l'enjambement suivi des points de suspension (vers 423-424)? — Pourquoi Racine a-t-il donné à Aricie ce mépris de l'amour qu'elle témoigne aux vers 431-435? Déterminez ce qui, chez Hippolyte, attire Aricie (vers 436-456) : quelle importance prend dans l'amour racinien l'aspect extérieur de la personne aimée (vers 436-438; voir aussi vers 273, 410-412, 582, 628-630)? Les traits psychologiques qu'admire Aricie ne nous dévoilent-ils pas certains traits de son propre caractère? — Quelle peut être la réaction du spectateur devant cet amour si dur (vers 445-452)? Aricie aime-t-elle Hippolyte seulement pour lui-même, ou cherche-t-elle une certaine confirmation de sa propre force de séduction? Rapprochez la conquête amoureuse, telle qu'Aricie la dépeint ici, de la tactique et de l'idéal précieux. — Qu'est-ce qui explique les incertitudes d'Aricie à la fin de cette tirade?

■ SUR L'ENSEMBLE DE LA SCÈNE PREMIÈRE. — Le caractère d'Aricie tel qu'il apparaît dans cette scène. Rapprochez-le : a) de celui d'Hippolyte; b) d'autres héroïnes de Racine, comme Junie ou Iphigénie.
— Recherchez les marques de préciosité dans les sentiments et dans leur expression (images, métaphores, comparaisons).
— L'intérêt dramatique de cette scène.

470 L'ami, le compagnon, le successeur d'Alcide[1].
    Je crois que votre haine, épargnant ses vertus,
    Écoute sans regret[2] ces noms qui lui sont dus.
    Un espoir adoucit ma tristesse mortelle :
    Je puis vous affranchir d'une austère tutelle.
475 Jc révoque des lois dont j'ai plaint[3] la rigueur.
    Vous pouvez disposer de vous, de votre cœur;
    Et dans cette Trézène, aujourd'hui mon partage,
    De mon aïeul Pitthée[4] autrefois l'héritage,
    Qui m'a, sans balancer[5], reconnu pour son roi,
480 Je vous laisse aussi libre, et plus libre que moi.

ARICIE

    Modérez des bontés dont l'excès m'embarrasse.
    D'un soin[6] si généreux honorer ma disgrâce,
    Seigneur, c'est me ranger, plus que vous ne pensez,
    Sous ces austères lois dont vous me dispensez.

HIPPOLYTE

485 Du choix d'un successeur Athènes incertaine
    Parle de vous, me nomme, et le fils de la Reine.

ARICIE

De moi, Seigneur?

HIPPOLYTE

                Je sais, sans vouloir mc flatter,
    Qu'une superbe* loi semble me rejeter.
    La Grèce me reproche une mère étrangère.
490 Mais si pour concurrent je n'avais que mon frère,
    Madame, j'ai sur lui de véritables droits
    Que je saurais sauver du caprice des lois.
    Un frein plus légitime arrête mon audace :
    Je vous cède, ou plutôt je vous rends une place,
495 Un sceptre que jadis vos aïeux ont reçu

---

   1. *Alcide :* voir vers 78 et la note; **2.** *Regret :* déplaisir; **3.** *Plaindre :* déplorer; **4.** *Pitthée :* roi de Trézène (voir Index mythologique, page 28); **5.** *Balancer :* hésiter; **6.** *Soin :* voir vers 432 et la note.

━━━━ QUESTIONS ━━━━

● Vers 463-480. La netteté, le tact et la fermeté d'Hippolyte : quel changement semble s'être opéré en lui depuis la scène première de l'acte premier? Analysez les sentiments qui s'expriment successivement dans ces vers. — Pourquoi ce rappel constant d'Hercule à propos de Thésée (vers 470 à rapprocher du vers 454)? — Comment le second hémistiche du vers 480 corrige-t-il le premier? A quoi pense alors Hippolyte?

De ce fameux mortel que la Terre a conçu[1].
L'adoption le mit entre les mains d'Égée[2].
Athènes, par mon père accrue et protégée,
Reconnut avec joie un roi si généreux[3],
500 Et laissa dans l'oubli vos frères malheureux.
Athènes dans ses murs maintenant vous rappelle.
Assez elle a gémi d'une longue querelle;
Assez dans ses sillons votre sang* englouti
A fait fumer le champ dont il était sorti.
505 Trézène m'obéit. Les campagnes de Crète
Offrent au fils de Phèdre une riche retraite[4].
L'Attique est votre bien. Je pars, et vais pour vous
Réunir tous les vœux partagés entre nous.

ARICIE

De tout ce que j'entends étonnée et confuse[5],
510 Je crains presque, je crains qu'un songe ne m'abuse.
Veillé-je? Puis-je croire un semblable dessein?
Quel Dieu, Seigneur, quel Dieu l'a mis dans votre sein?
Qu'à bon droit votre gloire en tous lieux est semée!
Et que la vérité passe[6] la renommée!
515 Vous-même, en ma faveur, vous voulez vous trahir[7]*?
N'était-ce pas assez de ne me point haïr,
Et d'avoir si longtemps pu défendre votre âme
De cette inimitié...

HIPPOLYTE

Moi, vous haïr, Madame?
Avec quelques couleurs qu'on ait peint ma fierté[8],
520 Croit-on que dans ses flancs un monstre* m'ait porté?
Quelles sauvages mœurs[9], quelle haine endurcie

1. Il s'agit d'Erechthée (voir Index mythologique, page 28); 2. *Egée*, père
de Thésée, passait pour n'être que le fils adoptif de Pandion II, descendant
d'Erechthée. Pallas (ou Pallante), père d'Aricie, était, au contraire, son fils
légitime (voir page 27 et page 28); 3. *Généreux*: voir vers 443 et la note;
4. *Retraite*: lieu de séjour; 5. *Etonnée et confuse*: stupéfaite et bouleversée;
6. *Passer*: dépasser; 7. *Vous trahir*: trahir vos intérêts; 8. *Fierté*: caractère
farouche (voir vers 67 et la note); 9. *Mœurs*: caractère.

─────── QUESTIONS ───────

● VERS 481-508. Expliquez le double sens des vers 482-484. D'où vient
la soudaine brusquerie d'Hippolyte aux vers 485-486? — Pourquoi
Hippolyte prend-il un tel soin de justifier sa conduite? Que cache cette
déclaration en apparence purement politique? Montrez que la générosité
d'Hippolyte n'est pas un geste de prince bienveillant.
● VERS 509-518. Quel est le sens exact de ces vers d'Aricie? Montrez
qu'elle tend à Hippolyte le piège où il va tomber.

Pourrait, en vous voyant[1], n'être point adoucie?
Ai-je pu résister au charme* décevant[2]...

ARICIE

Quoi? Seigneur.

HIPPOLYTE

Je me suis engagé trop avant.

525 Je vois que la raison cède à la violence.
Puisque j'ai commencé de rompre le silence,
Madame, il faut poursuivre : il faut vous informer
D'un secret que mon cœur ne peut plus renfermer.
Vous voyez devant vous un prince déplorable[3],
530 D'un téméraire orgueil exemple mémorable.
Moi qui, contre l'amour fièrement révolté,
Aux fers de ses captifs ai longtemps insulté;
Qui des faibles mortels déplorant les naufrages,
Pensais toujours du bord contempler les orages[4];
535 Asservi maintenant sous la commune loi,
Par quel trouble me vois-je emporté loin de moi!
Un moment a vaincu mon audace imprudente :
Cette âme si superbe* est enfin dépendante.
Depuis près de six mois, honteux, désespéré,
540 Portant partout le trait dont je suis déchiré,
Contre vous, contre moi, vainement je m'éprouve :
Présente, je vous fuis; absente, je vous trouve;
Dans le fond des forêts votre image me suit;
La lumière du jour, les ombres de la nuit,
545 Tout retrace à mes yeux les charmes* que j'évite;
Tout vous livre à l'envi le rebelle Hippolyte.
Moi-même, pour tout fruit de mes soins[5] superflus,
Maintenant je me cherche et ne me trouve plus.
Mon arc, mes javelots, mon char, tout m'importune;
550 Je ne me souviens plus des leçons de Neptune[6];
Mes seuls gémissements font retentir les bois,
Et mes coursiers oisifs ont oublié ma voix.
Peut-être le récit d'un amour si sauvage
Vous fait, en m'écoutant, rougir* de votre ouvrage.
555 D'un cœur qui s'offre à vous quel farouche entretien!

---

1. *En vous voyant :* voir vers 407 et la note ; 2. *Décevant :* trompeur ;
3. *Déplorable :* digne de pitié ; 4. Sans doute souvenir de Lucrèce (II, vers 1-2) :
« Il est doux, quand sur la vaste mer les vents soulèvent les flots, | D'assister
de la terre aux épreuves d'autrui » (*Suave mari magno...*) ; 5. *Soins :* efforts ;
6. *Neptune :* voir vers 131.

Quel étrange captif pour un si beau lien!
Mais l'offrande à vos yeux en doit être plus chère.
Songez que je vous parle une langue étrangère;
Et ne rejetez pas des vœux mal exprimés,
560 Qu'Hippolyte sans vous n'aurait jamais formés.

SCÈNE III. — HIPPOLYTE, ARICIE, THÉRAMÈNE, ISMÈNE.

THÉRAMÈNE

Seigneur, la Reine vient, et je l'ai devancée.
Elle vous cherche.

HIPPOLYTE

Moi?

THÉRAMÈNE

J'ignore sa pensée.
Mais on vous est venu demander de sa part.
Phèdre veut vous parler avant votre départ.

HIPPOLYTE

565 Phèdre? Que lui dirai-je? Et que peut-elle attendre...

ARICIE

Seigneur, vous ne pouvez refuser de l'entendre.

───── QUESTIONS ─────

● VERS 518-560. Composition de la tirade d'Hippolyte. — Rapprochez le vers 525 du vers 238. — Quelle impression éprouve Hippolyte en se voyant amoureux? Montrez qu'il est surtout sensible à une défaite : laquelle? Pourquoi cette attitude devant l'amour (rapprochez-la du jugement d'Hippolyte sur Thésée)? — Relevez, dans les vers 529-538, les mots qui expriment le sentiment amoureux : langage précieux et impression de sujétion. — Étudiez l'éloquence et le lyrisme des vers 539-546. Rapprochez le vers 540 du vers 304. Qu'est-ce qui, dans les sonorités et la construction, fait la force du vers 549? Comparez ce vers au vers 159. — Hippolyte semble-t-il espérer à la fin de cette tirade? Quel sentiment a-t-il sollicité chez Aricie? Pourquoi parle-t-il de lui à la troisième personne (vers 560)?

■ SUR L'ENSEMBLE DE LA SCÈNE II. — Étudiez le lent glissement chez Hippolyte de l'exposé politique à l'aveu d'amour. Marquez la différence de ton entre les deux moments. Montrez que des traits fondamentaux du caractère d'Hippolyte se retrouvent dans les deux.

— Qu'est-ce qui justifie psychologiquement la longueur de la tirade des vers 524-560?

— Comparez l'amour d'Hippolyte à celui de Phèdre (I, III) et à celui d'Aricie (II, I). Quels caractères communs contribuent à donner à la pièce son unité?

Quoique trop convaincu de son inimitié,
Vous devez à ses pleurs quelque ombre de pitié.

HIPPOLYTE

Cependant[1] vous sortez. Et je pars. Et j'ignore
570 Si je n'offense point les charmes* que j'adore!
J'ignore si ce cœur que je laisse en vos mains...

ARICIE

Partez, Prince, et suivez vos généreux desseins.
Rendez de mon pouvoir Athènes tributaire[2].
J'accepte tous les dons que vous me voulez faire.
575 Mais cet empire enfin si grand, si glorieux,
N'est pas de vos présents le plus cher à mes yeux.

Scène IV. — HIPPOLYTE, THÉRAMÈNE.

HIPPOLYTE

Ami, tout est-il prêt? Mais la Reine s'avance.
Va, que pour le départ tout s'arme en diligence.
Fais donner le signal, cours, ordonne, et revien[3]
580 Me délivrer bientôt d'un fâcheux entretien.

---

1. *Cependant* : pendant ce temps; 2. *Tributaire (de)* : soumise (à);
3. *Revien* : voir vers 155 et la note.

━━━━━━ **QUESTIONS** ━━━━━━━━━━━━━━━━━━━━━━

■ Sur la scène III. — Cette arrivée de Phèdre est-elle vraiment inopinée
(voir I, v)?

— Quel trait du caractère d'Aricie se révèle aux vers 566-568? En
faisant un rapprochement avec les vers 445 et suivants, comment peut-
on définir ses sentiments à l'égard de Phèdre?

— Les dernières paroles d'Aricie sont-elles dictées par une coquetterie
avisée ou par une noble pudeur?

— La nécessité dramatique de cette scène : essayez d'en dégager la
portée tragique.

■ Sur la scène IV. — Qu'est-ce qui rendait nécessaire cette courte
scène au point de vue dramatique et au point de vue psychologique?
— Quelle reste, depuis le début de la tragédie, la préoccupation d'Hippolyte? A-t-il maintenant les mêmes motifs pour partir qu'au premier acte?

Scène V. — PHÈDRE, HIPPOLYTE, ŒNONE.

PHÈDRE, *à Œnone, dans le fond du théâtre.*

Le voici. Vers mon cœur tout mon sang* se retire.
J'oublie, en le voyant, ce que je viens lui dire.

ŒNONE

Souvenez-vous d'un fils qui n'espère qu'en vous.

PHÈDRE

On dit qu'un prompt départ vous éloigne de nous,
585 Seigneur. A vos douleurs je viens joindre mes larmes.
Je vous viens pour un fils expliquer[1] mes alarmes.
Mon fils n'a plus de père; et le jour n'est pas loin
Qui de ma mort encor doit le rendre témoin.
Déjà mille ennemis attaquent son enfance.
590 Vous seul pouvez contre eux embrasser sa défense.
Mais un secret remords agite mes esprits.
Je crains d'avoir fermé votre oreille à ses cris.
Je tremble que sur lui votre juste colère
Ne poursuive bientôt une odieuse mère.

HIPPOLYTE

595 Madame, je n'ai point des sentiments si bas.

PHÈDRE

Quand vous me haïriez, je ne m'en plaindrais pas,
Seigneur. Vous m'avez vue attachée à vous nuire;
Dans le fond de mon cœur vous ne pouviez pas lire.
A votre inimitié j'ai pris soin de m'offrir.
600 Aux bords que j'habitais je n'ai pu vous souffrir.
En public, en secret, contre vous déclarée[2],
J'ai voulu par des mers en être séparée.

---

1. *Expliquer :* exposer ; 2. *Déclarée :* me disant ouvertement votre ennemie.

● **QUESTIONS** ●

● Vers 581-583. Imaginez la mise en scène qui accentue les effets de cette entrée de Phèdre. Montrez la justesse des indications des vers 581-582. Quelle est l'importance de l'expression *en le voyant* (vers 582 à rapprocher des vers 436-438)?
● Vers 584-595. Comment se manifeste l'embarras dans la réplique de Phèdre? Comment celle-ci passe-t-elle de la situation politique aux sentiments d'Hippolyte à son égard? Montrez qu'elle apparaît ainsi, dès le début, condamnée à l'aveu. — Pourquoi tant de sécheresse chez Hippolyte, au vers 595?

PHÈDRE

HIPPOLYTE

dame, pardonnez. J'avoue, en rougissant*,
e j'accusais à tort un discours innocent.
a honte ne peut plus soutenir votre vue;
t je vais...

PHÈDRE

Ah! cruel, tu m'as trop entendue[1].
Je t'en ai dit assez pour te tirer d'erreur.
Hé bien! connais donc Phèdre et toute sa fureur*.
J'aime. Ne pense pas qu'au moment que je t'aime,
Innocente à mes yeux, je m'approuve moi-même,
575 Ni que du fol amour qui trouble ma raison
Ma lâche complaisance ait nourri le poison.
Objet infortuné des vengeances célestes,
Je m'abhorre encor plus que tu ne me détestes.
Les Dieux m'en sont témoins, ces Dieux qui dans mon
[flanc
680 Ont allumé le feu fatal* à tout mon sang*;
Ces Dieux qui se sont fait une gloire cruelle
De séduire[2] le cœur d'une faible mortelle.
Toi-même en ton esprit rappelle le passé.
C'est peu de t'avoir fui, cruel, je t'ai chassé.
685 J'ai voulu te paraître odieuse, inhumaine;
Pour mieux te résister, j'ai recherché ta haine.
De quoi m'ont profité mes inutiles soins[3]?
Tu me haïssais plus, je ne t'aimais pas moins.
Tes malheurs te prêtaient encor de nouveaux charmes*.
690 J'ai langui, j'ai séché, dans les feux, dans les larmes.
Il suffit de tes yeux pour t'en persuader,
Si tes yeux un moment pouvaient me regarder.
Que dis-je? Cet aveu que je te viens de faire,
Cet aveu si honteux, le crois-tu volontaire?
695 Tremblante[4] pour un fils que je n'osais trahir*,
Je te venais prier de ne le point haïr.
Faibles projets d'un cœur trop plein de ce qu'il aime!

---

1. *Entendre* : comprendre; 2. *Séduire* : égarer, détourner du droit chemin; 3. *Soins* : voir vers 547 et la note; 4. *Tremblante* : voir la note du vers 395.

— QUESTIONS —

● Vers 663-670. Pourquoi Hippolyte emploie-t-il le présent et non l'imparfait (vers 664)? Est-il certain que son père soit en vie (voir vers 619-622)? Expliquez le brusque revirement de Phèdre (vers 665-666) : le contraste entre ces vers et la tirade précédente.

J'ai même défendu, par une expresse loi,
Qu'on osât prononcer votre nom devant moi.
605 Si pourtant à l'offense on mesure la peine,
Si la haine peut seule attirer votre haine,
Jamais femme ne fut plus digne de pitié,
Et moins digne, Seigneur, de votre inimitié.

HIPPOLYTE

Des droits de ses enfants une mère jalouse
610 Pardonne rarement au fils d'une autre épouse.
Madame, je le sais. Les soupçons importuns
Sont d'un second hymen les fruits les plus communs.
Toute autre aurait pour moi pris les mêmes ombrages[1],
Et j'en aurais peut-être essuyé plus d'outrages.

PHÈDRE

615 Ah! Seigneur, que le ciel, j'ose ici l'attester,
De cette loi commune a voulu m'excepter!
Qu'un soin[2] bien différent me trouble et me dévore!

HIPPOLYTE

Madame, il n'est pas temps de vous troubler encore.
Peut-être votre époux voit encore le jour;
620 Le ciel peut à nos pleurs accorder son retour.
Neptune le protège, et ce Dieu tutélaire
Ne sera pas en vain imploré par mon père.

PHÈDRE

On ne voit point deux fois le rivage des morts,
Seigneur. Puisque Thésée a vu les sombres bords,
625 En vain vous espérez qu'un Dieu vous le renvoie;
Et l'avare Achéron[3] ne lâche point sa proie.
Que dis-je? Il n'est point mort, puisqu'il respire en vous.

---

1. Serait de la même façon devenue jalouse de moi. On disait, au XVIIe siècle, *prendre de quelqu'un* ou *pour quelqu'un de l'ombrage* ou *des ombrages*; 2. *Soin* : voir vers 432 et la note; 3. *Achéron* : voir la note du vers 12.

— QUESTIONS —

● Vers 596-614. Analysez la réplique de Phèdre : sur quelle opposition est-elle construite? Résumez le raisonnement et marquez-en les trois moments : vers 596-604; vers 598; vers 605-608. Marquez la progression de Phèdre vers l'aveu depuis le début de la scène. — Le pathétique du vers 598. Expliquez le sens exact des vers 606 à 608 : montrez qu'en parlant de haine Phèdre parle en fait d'amour. — Sur quel ton répond Hippolyte (particulièrement au vers 614)?

3

Toujours devant mes yeux je crois voir mon époux.
Je le vois, je lui parle; et mon cœur... Je m'égare,
630 Seigneur, ma folle ardeur malgré moi se déclare.

HIPPOLYTE

Je vois de votre amour l'effet prodigieux.
Tout mort qu'il est, Thésée est présent à vos yeux;
Toujours de son amour votre âme est embrasée.

PHÈDRE

Oui, Prince, je languis, je brûle pour Thésée.
635 Je l'aime, non point tel que l'ont vu les enfers,
Volage adorateur de mille objets[1] divers,
Qui va du Dieu des morts déshonorer la couche[2];
Mais fidèle, mais fier, et même un peu farouche,
Charmant*, jeune, traînant tous les cœurs après soi[3],
640 Tel qu'on dépeint nos Dieux, ou tel que je vous voi[4].
Il avait votre port, vos yeux, votre langage,
Cette noble pudeur colorait son visage,
Lorsque de notre Crète il traversa les flots,
Digne sujet des vœux des filles de Minos[5].
645 Que faisiez-vous alors? Pourquoi, sans Hippolyte,
Des héros de la Grèce assembla-t-il l'élite?
Pourquoi, trop jeune encor, ne pûtes-vous alors
Entrer dans le vaisseau qui le mit sur nos bords?
Par vous aurait péri le monstre* de la Crète[6],
650 Malgré tous les détours de sa vaste retraite[7].

1. *Objet* : personne aimée ; 2. On croyait que Thésée était descendu aux Enfers pour enlever Proserpine, épouse de Pluton (voir vers 383 et suivants) ; 3. *Soi* : s'emploie encore au XVIIᵉ siècle, même avec un sujet déterminé ; 4. *Voi* : voir la note du vers 155 ; 5. Ariane et Phèdre ; 6. Le Minotaure (voir la note du vers 82) ; 7. *Retraite* : le Labyrinthe (voir Index mythologique, page 28).

——— QUESTIONS ———

● VERS 615-633. Soulignez le changement de ton, chez Phèdre, aux vers 615-617 : intensité, passion. Montrez que le vers 617 est déjà un aveu. — Pourquoi le quiproquo (vers 618-619) est-il naturel? Qu'a-t-il de tragique? L'art des préparations dans la tragédie de Racine d'après les vers 620-622. — Pourquoi le ton catégorique de Phèdre (vers 623-626)? Cette résignation ne contraste-t-elle pas avec l'amour violent (vers 634) qu'elle affecte pour Thésée? Montrez la dureté de sonorités du vers 626; l'importance dramatique du vers 627. — Comparez les vers 628-630 aux vers 436-438. La dernière phrase de Phèdre (vers 629-630) n'est-elle pas un aveu très clair? — La réponse d'Hippolyte (vers 631-633) : est-ce pure « innocence »? refus ou crainte de comprendre?

Pour en développer l'embarras inc...
Ma sœur du fil fatal* eût armé votr...
Mais non, dans ce dessein je l'aurais...
L'amour m'en eût d'abord[2] inspiré la...
655 C'est moi, prince, c'est moi, dont l'util...
Vous eût du Labyrinthe enseigné les dét...
Que de soins[3] m'eût coûtés cette tête cha...
Un fil n'eût point assez rassuré votre aman...
Compagne du péril qu'il vous fallait cherch...
660 Moi-même devant vous j'aurais voulu march...
Et Phèdre au Labyrinthe avec vous descendue
Se serait avec vous retrouvée, ou perdue[4].

HIPPOLYTE

Dieux! qu'est-ce que j'entends? Madame, oubliez-...
Que Thésée est mon père, et qu'il est votre époux?

PHÈDRE

665 Et sur quoi jugez-vous que j'en perds la mémoire,
Prince? Aurais-je perdu tout le soin de ma gloire?

1. Pour en débrouiller l'enchevêtrement où manquait tout point de repère sûr; 2. *D'abord* : dès l'abord, tout de suite; 3. *Soins* : voir vers 432 et la note; 4. Ce passage s'inspire de l'*Hippolyte* de Sénèque (vers 646 et suivants), reproduit dans la Documentation thématique.

——— QUESTIONS ———

● VERS 634-662. Que traduit le passage de *Seigneur* (vers 630) à *Prince* (vers 634)? La force passionnelle qui s'exprime dans ce dernier vers : insistance, force des mots, leur place. — Comment Phèdre réussit-elle à associer le nom de Thésée et la personne d'Hippolyte en un seul personnage? Montrez qu'en même temps elle épure le portrait de Thésée (vers 635-637). — Montrez l'énormité et, en même temps, le naturel de l'assimilation du vers 640 : rapprochez-le des vers 285-286. — Comment les vers 641-644 sont-ils à la fois une justification de ce qui précède (l'identification Hippolyte-Thésée) et une manière indirecte de s'attarder au portrait du jeune homme? L'étrangeté du premier hémistiche du vers 647; qu'exprime-t-elle? — Quel est le rôle de l'imagination dans les vers 645-650? Pourquoi ici Phèdre se détache-t-elle de la réalité idéalisée pour exprimer ce regret? Comment se poursuit, à partir du vers 651, le rêve éveillé de Phèdre? Par quelle substitution modifie-t-elle encore le passé (vers 651-656)? — Montrez que le besoin de surpasser les rivales éventuelles explique les derniers vers de cette tirade. Comment se marque, dans les deux derniers vers, la détermination passionnée?

— Étudiez la progression lente et implacable de toute cette tirade. Par quelles étapes Phèdre finit-elle par substituer Hippolyte à Thésée, elle-même à Ariane, et aux détours du Labyrinthe le secret de son propre cœur?

« Au défaut de ton bras prête-moi ton épée. »
(Vers 710.)

PHÈDRE À LA COMÉDIE-FRANÇAISE (1954)

Hélas! je ne t'ai pu parler que de toi-même.
Venge-toi, punis-moi d'un odieux amour.
700 Digne fils du héros qui t'a donné le jour,
Délivre l'univers d'un monstre* qui t'irrite.
La veuve de Thésée ose aimer Hippolyte!
Crois-moi, ce monstre* affreux ne doit point t'échapper.
Voilà mon cœur. C'est là que ta main doit frapper.
705 Impatient déjà d'expier son offense[1],
Au-devant de ton bras je le sens qui s'avance.
Frappe. Ou si tu le crois indigne de tes coups,
Si ta haine m'envie[2] un supplice si doux,
Ou si d'un sang* trop vil ta main serait trempée,
710 Au défaut de ton bras prête-moi ton épée.
Donne.

ŒNONE

Que faites-vous, Madame? Justes Dieux!
Mais on vient. Évitez des témoins odieux;
Venez, rentrez, fuyez une honte certaine.

---

1. *Son offense* : l'offense qu'il t'a faite ; 2. *Envier* : refuser.

─────── **QUESTIONS** ───────

● Vers 670-713. Composition de la tirade de Phèdre. A quel degré de violence arrive-t-elle (passage du *vous* au *tu;* rythme; force des mots; ellipses de construction; reprises d'une même idée par deux termes ou deux expressions d'intensité croissante; hardiesse dans le choix des mots [vers 690]; véhémence proche parfois du sarcasme tourné contre soi-même). — A quelle détermination (voir vers 173 et suivants) Phèdre revient-elle par une autre voie? — Phèdre se considère-t-elle comme totalement responsable de sa passion? Rapprochez les vers 683-686 des vers 596-608 : jusqu'où Phèdre pousse-t-elle maintenant l'aveu de sa faiblesse? Pourquoi Phèdre se perd-elle alors qu'elle avait réussi, en trompant Hippolyte, à rétablir la situation? — Comment, depuis le début de la scène, a-t-on préparé le nom de *monstre* que Phèdre se donne deux fois (vers 701 et 703)? L'ironie tragique du vers 702. Le fantastique du vers 706. Expliquez le conditionnel du vers 709; quel effet produit-il? — L'attitude d'Hippolyte pendant cette tirade : comment la devine-t-on à travers certaines paroles de Phèdre? Que reste-t-il en lui de l'Hippolyte d'Euripide voué à Artémis?

■ Sur l'ensemble de la scène v. — Les différentes étapes de cette scène : l'aveu de Phèdre en est-il le sommet ou l'aboutissement? Montrez comment Hippolyte, victime, est le complice inconscient de cet aveu.

— Comment, de façon très précise, Racine a-t-il accentué le parallélisme entre cette scène et la scène II de l'acte II?

— Montrez comment cette scène résume et rassemble admirablement tout ce que nous savions de Phèdre? Comment peuvent coexister simultanément chez Phèdre la lucidité et l'égarement?

— Comparez cette scène à la scène correspondante de Sénèque (voir la Documentation thématique).

Scène VI. — HIPPOLYTE, THÉRAMÈNE.

THÉRAMÈNE

Est-ce Phèdre qui fuit, ou plutôt qu'on entraîne?
715 Pourquoi, Seigneur, pourquoi ces marques de douleur?
Je vous vois sans épée, interdit, sans couleur?

HIPPOLYTE

Théramène, fuyons. Ma surprise est extrême.
Je ne puis sans horreur* me regarder moi-même.
Phèdre... Mais non, grands Dieux! qu'en un profond
[oubli
720 Cet horrible* secret demeure enseveli.

THÉRAMÈNE

Si vous voulez partir, la voile est préparée.
Mais Athènes, Seigneur, s'est déjà déclarée.
Ses chefs ont pris les voix de toutes ses tribus.
Votre frère l'emporte, et Phèdre a le dessus.

HIPPOLYTE

725 Phèdre?

THÉRAMÈNE

          Un héraut chargé des volontés d'Athènes
De l'État en ses mains vient remettre les rênes.
Son fils est roi, Seigneur.

HIPPOLYTE

                    Dieux, qui la connaissez,
Est-ce donc sa vertu que vous récompensez?

THÉRAMÈNE

Cependant un bruit sourd veut que le Roi respire.
730 On prétend que Thésée a paru dans l'Épire.
Mais moi qui l'y cherchai, Seigneur, je sais trop bien...

───── QUESTIONS ─────

● Vers 714-728. Que marquent le rythme entrecoupé, les reprises (vers 715) dans les paroles de Théramène? Quelle importance et quelle valeur symbolique a ce détail remarqué par le gouverneur : *sans épée?* — L'attitude d'Hippolyte : pourquoi cette honte (vers 718)? L'oubli qu'il souhaite (vers 719-720) en est-il la conséquence, ou bien est-ce une marque de générosité, ou de pitié, à l'égard de Phèdre? — Quelle importance ont les nouvelles politiques apportées par Théramène (vers 722-727)? Sur quel ton Hippolyte prononce-t-il les vers 727-728?

HIPPOLYTE

N'importe, écoutons tout, et ne négligeons rien.
Examinons ce bruit, remontons à sa source.
S'il ne mérite pas d'interrompre ma course[1],
735 Partons; et quelque prix qu'il en puisse coûter,
Mettons le sceptre aux mains dignes de le porter.

ACTE III

SCÈNE PREMIÈRE. — PHÈDRE, ŒNONE.

PHÈDRE

Ah! que l'on porte ailleurs les honneurs qu'on m'envoie.
Importune, peux-tu souhaiter qu'on me voie?
De quoi viens-tu flatter mon esprit désolé?
740 Cache-moi bien plutôt : je n'ai que trop parlé.
Mes fureurs* au dehors ont osé se répandre.
J'ai dit ce que jamais on ne devait[2] entendre.
Ciel! comme il m'écoutait! Par combien de détours
L'insensible a longtemps éludé mes discours!

---

1. S'il est vrai que ce bruit n'est pas de nature à m'empêcher de partir;
2. *Devait* : aurait dû. Avec les verbes de possibilité et d'obligation, l'indicatif peut avoir, dans la langue classique, le sens d'un conditionnel.

■——— QUESTIONS ———

● VERS 729-736. Pourquoi Racine a-t-il tenu à parler du retour de Thésée avant la fin de l'acte? Théramène accorde-t-il beaucoup de croyance à cette nouvelle? Qu'a de tragique l'espoir qu'Hippolyte met en son père (vers 732-736)?

■ SUR L'ENSEMBLE DE LA SCÈNE VI. — Quel est l'intérêt dramatique de cette scène?

— Recherchez des traces de la violence qui a agité la scène précédente.

— Marquez l'accélération du mouvement en cette fin d'acte; montrez que, à la fuite désordonnée de Phèdre entraînée par Œnone, correspond la fuite d'Hippolyte entraînant Théramène. Quelles différences, cependant, voyez-vous entre ces deux mouvements?

■ SUR L'ENSEMBLE DE L'ACTE II. — Montrez que cet acte est construit à partir de deux grandes scènes symétriques, Hippolyte et Phèdre avouant successivement leur amour à la personne aimée.

— Étudiez dans le détail le parallélisme de la construction des deux premiers actes, et montrez comment l'amour coupable et irrépressible d'Hippolyte sert toujours de préparation, de première ébauche destinée à mettre en valeur celui de Phèdre et à illustrer l'universelle puissance des dieux.

— Quelle est la situation à la fin de l'acte II?

745 Comme il ne respirait[1] qu'une retraite prompte!
Et combien sa rougeur* a redoublé ma honte!
Pourquoi détournais-tu mon funeste* dessein?
Hélas! quand son épée allait chercher mon sein,
A-t-il pâli pour moi? me l'a-t-il arrachée?
750 Il suffit que ma main l'ait une fois touchée,
Je l'ai rendue horrible* à ses yeux inhumains;
Et ce fer malheureux profanerait ses mains.

ŒNONE

Ainsi, dans vos malheurs ne songeant qu'à vous plaindre,
Vous nourrissez un feu qu'il vous faudrait éteindre.
755 Ne vaudrait-il pas mieux, digne sang* de Minos,
Dans de plus nobles soins chercher votre repos,
Contre un ingrat qui plaît recourir à la fuite,
Régner, et de l'Etat embrasser[2] la conduite?

PHÈDRE

Moi, régner! Moi, ranger un Etat sous ma loi,
760 Quand ma faible raison ne règne plus sur moi!
Lorsque j'ai de mes sens abandonné l'empire!
Quand sous un joug honteux* à peine je respire!
Quand je me meurs!

ŒNONE

Fuyez.

PHÈDRE

Je ne le puis quitter.

ŒNONE

Vous l'osâtes bannir, vous n'osez l'éviter.

---

1. *Respirer* : souhaiter ardemment; 2. *Embrasser* : s'attacher à.

QUESTIONS

● Vers 737-752. A quels honneurs Phèdre fait-elle allusion au vers 737?
— Analysez les sentiments de Phèdre : pourquoi tout concourt-il à sa honte? Que trahissent les reproches indirects qu'elle fait à Œnone aux vers 739-740? Cherchez la part de la lucidité et celle de l'égarement dans les vers 743-752. Quel trait du caractère de Phèdre le vers 746 met-il en valeur (comparez aux vers 850-852)? Importance du vers 748.
● Vers 753-764. Justifiez l'attitude et les conseils d'Œnone. Quelle est la valeur de *digne sang de Minos* (vers 755)? Comparez le vers 757 au vers 56. — Comment les vers 759-760 opposent-ils un personnage comme Phèdre au héros cornélien, en particulier à Auguste, dans la dernière scène de *Cinna?* — Quelle incompréhension sépare Phèdre d'Œnone (vers 764)?

PHÈDRE

765 Il n'est plus temps. Il sait mes ardeurs insensées.
De l'austère pudeur les bornes sont passées.
J'ai déclaré ma honte aux yeux de mon vainqueur,
Et l'espoir, malgré moi, s'est glissé dans mon cœur.
Toi-même, rappelant ma force défaillante,
770 Et mon âme[1] déjà sur mes lèvres errante,
Par tes conseils flatteurs[2] tu m'as su ranimer.
Tu m'as fait entrevoir que je pouvais l'aimer.

ŒNONE

Hélas! de vos malheurs innocente ou coupable,
De quoi pour vous sauver n'étais-je point capable?
775 Mais si jamais l'offense irrita vos esprits[3],
Pouvez-vous d'un superbe* oublier les mépris?
Avec quels yeux cruels sa rigueur obstinée
Vous laissait à ses pieds peu s'en faut prosternée!
Que son farouche orgueil le rendait odieux!
780 Que Phèdre en ce moment n'avait-elle mes yeux?

PHÈDRE

Œnone, il peut quitter cet orgueil qui te blesse.
Nourri dans les forêts, il en a la rudesse.
Hippolyte, endurci par de sauvages lois[4],
Entend parler d'amour pour la première fois.
785 Peut-être sa surprise a causé son silence,
Et nos plaintes peut-être ont trop de violence.

---

1. *Ame :* souffle, vie ; 2. *Flatteur :* trompeur ; 3. Si jamais le fait de subir une offense a pu exciter votre cœur ; 4. *Lois :* principes, règles de vie.

— **QUESTIONS** —

● Vers 765-780. A quel sentiment Phèdre s'abandonne-t-elle? Analysez la vérité psychologique de ce mélange de honte et d'espoir gratuit. A quoi tient la force du vers 768? Comparez-la à la simplicité de sa structure. Quels reproches Phèdre fait-elle à Œnone? Ont-ils tous la même valeur affective? — Montrez, d'après les vers 773-774, qu'Œnone n'est pas l'âme damnée de Phèdre, comme Narcisse l'est pour Néron dans *Britannicus*, mais qu'elle aussi, comme sa maîtresse, est une victime du destin. Montrez qu'en attaquant Hippolyte, Œnone dégage sa responsabilité et donne encore à Phèdre des conseils salutaires. En quoi, cependant, fait-elle là une faute psychologique?

ŒNONE

Songez qu'une barbare en son sein l'a formé.

PHÈDRE

Quoique Scythe et barbare, elle a pourtant aimé.

ŒNONE

Il a pour tout le sexe une haine fatale*.

PHÈDRE

790 Je ne me verrai point préférer de rivale.
Enfin tous tes conseils ne sont plus de saison.
Sers ma fureur*, Œnone, et non point ma raison.
Il oppose à l'amour un cœur inaccessible :
Cherchons pour l'attaquer quelque endroit plus sensible.
795 Les charmes* d'un empire ont paru le toucher;
Athènes l'attirait, il n'a pu s'en cacher;
Déjà de ses vaisseaux la pointe était tournée,
Et la voile flottait aux vents abandonnée.
Va trouver de ma part ce jeune ambitieux,
800 Œnone; fais briller la couronne à ses yeux.
Qu'il mette sur son front le sacré diadème;
Je ne veux que l'honneur de l'attacher moi-même.
Cédons-lui ce pouvoir que je ne puis garder;
Il instruira mon fils dans l'art de commander;
805 Peut-être il voudra bien lui tenir lieu de père.

━━━━ QUESTIONS ━━━━

● Vers 781-790. Pourquoi Phèdre prend-elle la défense d'Hippolyte ?
Croit-elle à ses propres arguments ? Montrez que le ton se durcit à partir
du vers 787. — Qu'exprime la stichomythie des vers 787-790 ? Quel
rebondissement de l'action Racine prépare-t-il au vers 790 ?
● Vers 791-812. Quelle détermination Phèdre prend-elle ici ? Montrez-en
l'apparente énergie; cette décision est-elle un coup de théâtre du point
de vue psychologique ? Cherchez, dans cette tirade, des marques de
lucidité. Par quel biais Phèdre espère-t-elle atteindre Hippolyte ? — Au
vers 795, Phèdre disait *ont paru le toucher*; au vers 799, elle désigne
Hippolyte comme un *jeune ambitieux*; pourquoi ce passage à la certitude ? — Comment, chez elle, la logique est-elle au service de la passion,
en particulier aux vers 803-806 ? Marquez ici la progression que Phèdre
imagine déjà dans le resserrement des liens qui lui attacheraient Hippolyte. A quel autre sentiment du jeune homme veut-elle faire appel à
partir du vers 809 ? — Quelle est l'importance du premier hémistiche du
vers 811 ? De quel sens est chargée l'expression *disposer de moi* (vers 812) ?

Je mets sous son pouvoir et le fils et la mère.
Pour le fléchir enfin tente tous les moyens :
Tes discours trouveront plus d'accès que les miens.
Presse, pleure, gémis; plains-lui Phèdre mourante;
810 Ne rougis* point de prendre une voix suppliante.
Je t'avouerai de tout[1]; je n'espère qu'en toi.
Va : j'attends ton retour pour disposer de moi.

SCÈNE II. — PHÈDRE, *seule.*

O toi, qui vois la honte où je suis descendue,
Implacable Vénus*, suis-je assez confondue[2]?
815 Tu ne saurais plus loin pousser ta cruauté.
Ton triomphe est parfait[3]; tous tes traits ont porté.
Cruelle, si tu veux une gloire nouvelle,
Attaque un ennemi qui te soit plus rebelle.
Hippolyte te fuit; et bravant ton courroux,
820 Jamais à tes autels n'a fléchi les genoux.
Ton nom semble offenser ses superbes* oreilles.
Déesse, venge-toi : nos causes sont pareilles.
Qu'il aime... Mais déjà tu reviens sur tes pas,
Œnone? On me déteste, on ne t'écoute pas.

---

1. Je reconnaîtrai comme venant de moi tout ce que tu feras; **2.** *Confondue :* brisée, humiliée; **3.** *Parfait :* achevé, complet.

―――――― **QUESTIONS** ――――――

■ SUR L'ENSEMBLE DE LA SCÈNE PREMIÈRE. — Quels sont les trois remèdes successifs que propose Œnone à Phèdre pour vaincre sa passion? Montrez que les trois refus de la reine ont quelque chose de définitif.

— L'attitude de Phèdre vis-à-vis d'Œnone, d'après cette scène.

— Quelle transformation capitale subit sous nos yeux, dans cette scène, le caractère de Phèdre (voir vers 792)?

■ SUR LA SCÈNE II. — Montrez : *a)* qu'un monologue était indispensable à cette place dans l'action; *b)* comment Racine l'a utilisé pour faire vivre en scène un personnage essentiel : Vénus.

— Vénus étant la divinité cruelle appliquée à la perte des hommes, montrez que cette prière que lui adresse Phèdre a quelque chose d'un pacte, d'une alliance avec l'esprit du mal.

— Comparez l'attitude de Phèdre vis-à-vis de la déesse ici et à la scène III de l'acte premier. Quelle est la raison de ce changement?

Scène III. — PHÈDRE, ŒNONE.

ŒNONE

825 Il faut d'un vain[1] amour étouffer la pensée,
Madame. Rappelez votre vertu passée.
Le Roi, qu'on a cru mort, va paraître à vos yeux;
Thésée est arrivé, Thésée est dans ces lieux.
Le peuple, pour le voir, court et se précipite.
830 Je sortais par votre ordre, et cherchais Hippolyte,
Lorsque jusques au ciel mille cris élancés[2]...

PHÈDRE

Mon époux est vivant, Œnone, c'est assez.
J'ai fait l'indigne aveu d'un amour qui l'outrage.
Il vit : je ne veux pas en savoir davantage.

ŒNONE

835 Quoi?

PHÈDRE

Je te l'ai prédit; mais tu n'as pas voulu.
Sur mes justes remords tes pleurs ont prévalu.
Je mourais ce matin digne d'être pleurée;
J'ai suivi tes conseils, je meurs déshonorée.

ŒNONE

Vous mourez?

PHÈDRE

Juste ciel! qu'ai-je fait aujourd'hui?
840 Mon époux va paraître et son fils avec lui.
Je verrai le témoin de ma flamme adultère
Observer de quel front j'ose aborder son père,
Le cœur gros de soupirs, qu'il n'a point écoutés,
L'œil humide de pleurs, par l'ingrat rebutés.
845 Penses-tu que, sensible à l'honneur de Thésée,
Il lui cache l'ardeur dont je suis embrasée?

---

1. *Vain* : inutile, qui ne peut avoir de suite; 2. *Elancés* : lancés.

──── QUESTIONS ────

● Vers 825-838. L'arrivée de Thésée est-elle totalement imprévue (voir vers 729 et suivants)? Pouvait-on en tout cas l'imaginer si soudaine? Quelle impression est obtenue par la répétition du nom propre (vers 828)? — Montrez la dignité de Phèdre aux vers 832-834. Quelles réflexions suggère la comparaison des vers 837-838 avec le vers 242? Pourquoi la pensée de la mort amène-t-elle chez elle une sorte d'accalmie?

Laissera-t-il trahir* et son père et son roi?
Pourra-t-il contenir l'horreur* qu'il a pour moi?
Il se tairait en vain. Je sais mes perfidies[1],
850 Œnone, et ne suis point de ces femmes hardies
Qui, goûtant dans le crime une tranquille paix,
Ont su se faire un front qui ne rougit* jamais.
Je connais mes fureurs*, je les rappelle toutes[2].
Il me semble déjà que ces murs, que ces voûtes
855 Vont prendre la parole, et prêts à m'accuser,
Attendent mon époux pour le désabuser.
Mourons. De tant d'horreurs* qu'un trépas me délivre.
Est-ce un malheur si grand que de cesser de vivre?
La mort aux malheureux ne cause point d'effroi.
860 Je ne crains que le nom[3] que je laisse après moi.
Pour mes tristes[4] enfants quel affreux héritage!
Le sang* de Jupiter[5] doit enfler leur courage[6];
Mais quelque juste orgueil qu'inspire un sang* si beau,
Le crime d'une mère est un pesant fardeau.
865 Je tremble qu'un discours[7], hélas! trop véritable,
Un jour ne leur reproche une mère coupable.
Je tremble qu'opprimés[8] de ce poids odieux
L'un ni l'autre jamais n'ose lever les yeux.

ŒNONE

Il n'en faut point douter, je les plains l'un et l'autre;
870 Jamais crainte ne fut plus juste[9] que la vôtre.

---

1. *Perfidies* : manquements à la foi jurée; 2. *Je les rappelle toutes* [à mon esprit]; 3. *Nom* : réputation; 4. *Triste* : malheureux; 5. Minos, père de Phèdre, passait pour descendre de Jupiter (voir page 27); 6. Doit leur inspirer de l'orgueil; 7. *Un discours* : des propos; 8. *Opprimés* : accablés; 9. *Juste* : voir vers 361 et la note.

--------- QUESTIONS ---------

● VERS 839-868. Quelle image Phèdre se fait-elle de sa rencontre avec Thésée; de l'attitude que prendra Hippolyte? Étudiez l'importance du regard dans l'univers racinien (voir aussi vers 273, 290, 437, 640, 692, 746, 910, 1246, 1273). — Analysez le sentiment du remords chez Phèdre (vers 849-856) : pourquoi prend-il une forme presque hallucinatoire? — A quelle autre mère criminelle Phèdre ne peut-elle pas ne pas songer (voir vers 250)? Est-ce vraiment l'amour maternel qui lui inspire cette peur (vers 860-868)? — Après la mort du criminel, son crime continue à vivre : montrez que c'est cette éternité ineffaçable de sa faute qui bouleverse Phèdre. Quel rapprochement peut-on faire avec la conception chrétienne du péché originel et de la situation de l'homme perdu sans la grâce d'un Dieu rédempteur? — Énumérez tous les motifs qui, d'après cette tirade, doivent déterminer Phèdre à mourir.

Mais à de tels affronts pourquoi les exposer?
Pourquoi contre vous-même allez-vous déposer?
C'en est fait : on dira que Phèdre, trop coupable,
De son époux trahi fuit* l'aspect redoutable.
875 Hippolyte est heureux qu'aux dépens de vos jours
Vous-même en expirant appuyez[1] ses discours.
A votre accusateur que pourrai-je répondre?
Je serai devant lui trop facile à confondre.
De son triomphe affreux je le verrai jouir,
880 Et conter votre honte à qui voudra l'ouïr.
Ah ! que plutôt du ciel la flamme me dévore!
Mais ne me trompez point, vous est-il cher encore?
De quel œil voyez-vous ce prince audacieux?

PHÈDRE

Je le vois comme un monstre* effroyable à mes yeux.

ŒNONE

885 Pourquoi donc lui céder une victoire entière?
Vous le craignez. Osez l'accuser la première
Du crime dont il peut vous charger aujourd'hui.
Qui[2] vous démentira? Tout parle contre lui :
Son épée en vos mains heureusement[3] laissée,
890 Votre trouble présent, votre douleur[4] passée,
Son père par vos cris dès longtemps prévenu[5],
Et déjà son exil par vous-même obtenu.

PHÈDRE

Moi, que j'ose opprimer et noircir l'innocence?

ŒNONE

Mon zèle n'a besoin que de votre silence.

---

1. *Appuyez*. L'indicatif, après un verbe de sentiment, insiste sur la réalité du fait ; 2. *Qui* : qu'est-ce qui ; 3. *Heureusement* : par bonheur ; 4. *Douleur* : voir vers 232 et la note ; 5. *Prévenir* : donner des idées préconçues.

--- **QUESTIONS** ---

● Vers 869-892. Montrez que les inquiétudes de Phèdre pour ses enfants donnent à Œnone prise sur elle. — Comment la nourrice exploite-t-elle contre Hippolyte la crainte que Phèdre exprimait elle-même aux vers 841-848? Quelle scène fait-elle surgir à l'imagination de Phèdre? Quelle détermination marque le vers 881? Pourquoi les hésitations des deux vers suivants? — L'importance du mot *monstre* (vers 884). — Le plan d'Œnone (vers 886-892) paraît-il absolument improvisé? Montrez la brutalité, le réalisme dont elle fait preuve ici.

895 Tremblante comme vous, j'en¹ sens quelque remords.
Vous me verriez plus prompte² affronter mille morts.
Mais puisque je vous perds sans ce triste³ remède,
Votre vie est pour moi d'un prix à qui tout cède.
Je parlerai. Thésée, aigri par mes avis⁴,
900 Bornera sa vengeance à l'exil de son fils.
Un père, en punissant, Madame, est toujours père :
Un supplice léger suffit à sa colère.
Mais le sang* innocent dût-il être versé,
Que ne demande point votre honneur menacé?
905 C'est un trésor trop cher pour oser le commettre⁵.
Quelque loi qu'il vous dicte, il faut vous y soumettre,
Madame; et pour sauver votre honneur combattu⁶,
Il faut immoler tout, et même la vertu.
On vient; je vois Thésée.

                    PHÈDRE

                          Ah! je vois Hippolyte;
910 Dans ses yeux insolents je vois ma perte écrite.
Fais ce que tu voudras, je m'abandonne à toi.
Dans le trouble où je suis, je ne puis rien pour moi.

---

1. *En* : représente *opprimer et noircir l'innocence* ; 2. *Prompte* : promptement ; 3. *Triste* : voir vers 861 et la note ; 4. Irrité par ce que je lui apprendrai ; 5. *Commettre* : exposer, compromettre ; 6. *Combattu* : menacé.

--------- **QUESTIONS** ---------

● Vers 893-912. Comment Racine a-t-il rendu la violence du cri de révolte de Phèdre (vers 893)? — Analysez l'attitude l'Œnone (vers 894-909) : qui prend la responsabilité de l'action? Quelles considérations morales guident la nourrice? Celle-ci est-elle vraiment odieuse au spectateur (vers 898)? Comment Œnone sait-elle atténuer les conséquences de son acte (vers 900-902) pour faire accepter à Phèdre même les extrémités les plus révoltantes (vers 903)? Quelle harmonie complice se tisse entre l'égoïsme d'Œnone, toute dévouée à sa maîtresse, et l'instinct de conservation chez la reine? Montrez ce qu'il y a d'inquiétant, au point de vue moral, dans le vers 908. — Pourquoi Racine a-t-il voulu que l'arrivée de Thésée et d'Hippolyte vienne brutalement interrompre le cours normal de cette scène? Croyez-vous Phèdre sincère (vers 910), ou influencée par Œnone? L'importance du vers 911.

■ Sur l'ensemble de la scène III. — Montrez que le retour de Thésée est annoncé au pire moment pour Phèdre. La part de responsabilité qui incombe à celle-ci dans la décision qui vient d'être prise.

— Qu'apporte de nouveau cette scène à la peinture du caractère de Phèdre? Pourquoi ce personnage n'est-il pas odieux?

— Peut-on considérer le retour de Thésée comme un événement extérieur qui vient relancer l'action de la pièce? Il n'est en fait que le résultat de la volonté d'un personnage essentiel, invisible mais réel; lequel?

DÉCOR DE *PHÈDRE*
AU THÉÂTRE MONTPARNASSE-GASTON BATY (1947)

Le rôle de Phèdre est tenu par Marguerite Jamois.

JEAN CHEVRIER (Hippolyte) et MARIE BELL (Phèdre).
Théâtre du Gymnase (1959).

Scène IV. — THÉSÉE, HIPPOLYTE, PHÈDRE,
ŒNONE, THÉRAMÈNE.

THÉSÉE

La fortune à mes yeux cesse d'être opposée,
Madame, et dans vos bras met...

PHÈDRE

Arrêtez, Thésée,
915 Et ne profanez point des transports[1] si charmants*.
Je ne mérite plus ces doux empressements[2]
Vous êtes offensé. La fortune jalouse
N'a pas en votre absence épargné votre épouse.
Indigne de vous plaire et de vous approcher,
920 Je ne dois désormais songer qu'à me cacher.

Scène V. — THÉSÉE, HIPPOLYTE, THÉRAMÈNE.

THÉSÉE

Quel est l'étrange accueil qu'on fait à votre père,
Mon fils ?

HIPPOLYTE

Phèdre peut seule expliquer ce mystère.
Mais si mes vœux ardents vous peuvent émouvoir,
Permettez-moi, Seigneur, de ne la plus revoir.
925 Souffrez que pour jamais le tremblant Hippolyte
Disparaisse des lieux que votre épouse habite.

———

1. *Transports* : manifestations extérieures d'un sentiment ; 2. *Empressements* : marques de vive affection.

———— QUESTIONS ————

■ Sur la scène IV. — Comment se présente l'arrivée de Thésée ? Quel sentiment manifeste-t-il pour Phèdre ?
— Tout ce que dit Phèdre est-il vrai ? Pourquoi, cependant, ne dit-elle pas l'essentiel ? Y a-t-il quelque calcul chez elle quand elle repousse Thésée ? Cherchez les éléments équivoques dans ces vers.
— Quel écueil Racine a-t-il su éviter dans cette scène ?

● Vers 921-926. Est-il normal que Thésée demande des explications à Hippolyte ? — Comment celui-ci coupe-t-il court à toute explication (vers 922) ? Montrez qu'il engage la responsabilité de Phèdre aux vers 925-926 ; quel est l'effet de l'épithète *tremblant* ? — Soulignez, d'après ce que vous avez appris des aventures de Thésée pendant son absence, le coup que lui porte cette double fuite.

THÉSÉE

Vous, mon fils, me quitter?

HIPPOLYTE

                    Je ne la cherchais pas :
C'est vous qui sur ces bords conduisîtes ses pas.
Vous daignâtes, Seigneur, aux rives de Trézène
930 Confier en partant Aricie et la Reine.
Je fus même chargé du soin de les garder.
Mais quels soins[1] désormais peuvent me retarder[2]?
Assez dans les forêts mon oisive jeunesse
Sur de vils ennemis a montré son adresse.
935 Ne pourrai-je, en fuyant un indigne repos,
D'un sang* plus glorieux teindre mes javelots?
Vous n'aviez pas encore atteint l'âge où je touche,
Déjà plus d'un tyran, plus d'un monstre* farouche
Avait de votre bras senti la pesanteur;
940 Déjà, de l'insolence heureux persécuteur,
Vous aviez des deux mers[3] assuré les rivages.
Le libre[4] voyageur ne craignait plus d'outrages;
Hercule, respirant sur le bruit[5] de vos coups[6],
Déjà de son travail se reposait sur vous.
945 Et moi, fils inconnu d'un si glorieux père,
Je suis même encor loin des traces de ma mère.
Souffrez que mon courage ose enfin s'occuper.
Souffrez, si quelque monstre* a pu vous échapper,
Que j'apporte à vos pieds sa dépouille honorable,

---

1. *Soins* : obligations; 2. *Retarder* : retenir; 3. *Mers* : voir vers 10 et la note; 4. *Libre* : libéré de la crainte des brigands exterminés par Thésée; 5. *Bruit* : renommée; 6. *Coup* : « action héroïque, hardie et extraordinaire... » (*Dictionnaire* de Furetière, 1690).

——————— QUESTIONS ———————

● VERS 927-952. Comment le vers 927 accentue-t-il le malentendu entre Thésée et son fils? Quelles raisons Hippolyte allègue-t-il pour justifier son désir de quitter Trézène? Quelle est celle qui devrait faire le plus d'impression sur son père? — Cherchez, dans le détour de cette tirade, ce qui met en porte à faux un désir assez naturel de s'illustrer, chez le jeune prince. Montrez que cette volonté farouche d'Hippolyte de marcher sur les traces de Thésée n'est pas tant une fuite qu'un désir de se distinguer après la déclaration de Phèdre, qui, pour lui, est dégradante. — Qu'espère Hippolyte en évoquant, à ce moment de l'action, les exploits de Thésée? A quelle éventualité nous prépare Racine (vers 948-952)?

950 Ou que d'un beau trépas la mémoire durable,
Éternisant des jours si noblement finis,
Prouve à tout l'univers que j'étais votre fils.

THÉSÉE

Que vois-je? Quelle horreur* dans ces lieux répandue
Fait fuir devant mes yeux ma famille éperdue?
955 Si je reviens si craint et si peu désiré,
O ciel, de ma prison pourquoi m'as-tu tiré?
Je n'avais qu'un ami[1]. Son imprudente flamme
Du tyran de l'Épire allait ravir la femme;
Je servais à regret ses desseins amoureux;
960 Mais le sort irrité nous aveuglait tous deux.
Le tyran m'a surpris sans défense et sans armes.
J'ai vu Pirithoüs, triste[2] objet de mes larmes,
Livré par ce barbare à des monstres* cruels[3]
Qu'il nourrissait du sang des malheureux mortels.
965 Moi-même, il m'enferma dans des cavernes sombres,
Lieux profonds, et voisins de l'empire des ombres.
Les Dieux, après six mois, enfin m'ont regardé :
J'ai su tromper les yeux de qui[4] j'étais gardé.
D'un perfide ennemi j'ai purgé la nature;
970 A ses monstres* lui-même a servi de pâture.
Et lorsque avec transport[5] je pense m'approcher
De tout ce que les Dieux m'ont laissé de plus cher;
Que dis-je? quand mon âme, à soi-même[6] rendue,
Vient se rassasier d'une si chère vue,
975 Je n'ai pour tout accueil que des frémissements :
Tout fuit, tout se refuse à mes embrassements.
Et moi-même, éprouvant la terreur que j'inspire,
Je voudrais être encor dans les prisons d'Épire.
Parlez. Phèdre se plaint que je suis outragé.
980 Qui m'a trahi*? Pourquoi ne suis-je pas vengé?
La Grèce, à qui mon bras fut tant de fois utile,
A-t-elle au criminel accordé quelque asile?
Vous ne répondez point. Mon fils, mon propre fils
Est-il d'intelligence avec mes ennemis?
985 Entrons. C'est trop garder un doute qui m'accable.

---

1. Pirithoüs (voir page 29); 2. *Triste* : voir vers 861 et la note; 3. D'après Plutarque, le roi des Molosses, Ædonée, fit dévorer Pirithoüs par son chien Cerbère; 4. *De qui* : par lesquels; 5. *Transport* : voir vers 915 et la note; 6. *Soi-même* : voir vers 639 et la note.

Connaissons à la fois le crime et le coupable.
Que Phèdre explique enfin le trouble où je la voi[1].

Scène VI. — HIPPOLYTE, THÉRAMÈNE.

HIPPOLYTE

Où tendait ce discours[2] qui m'a glacé d'effroi?
Phèdre, toujours en proie à sa fureur* extrême,
990 Veut-elle s'accuser et se perdre elle-même?
Dieux! que dira le Roi? Quel funeste* poison
L'amour a répandu sur toute sa maison!
Moi-même, plein d'un feu que sa haine réprouve,
Quel il m'a vu jadis, et quel il me retrouve!
995 De noirs pressentiments viennent m'épouvanter.
Mais l'innocence enfin n'a rien à redouter.
Allons, cherchons ailleurs par quelle heureuse adresse[3]
Je pourrai de mon père émouvoir la tendresse,

---

1. *Voi* : voir vers 155 et la note ; 2. *Ce discours* : les vers 914-920 prononcés par Phèdre (III, IV) ; 3. *Adresse* : moyen habile, sans nuance péjorative.

─────── ● QUESTIONS ───────

● VERS 953-987. Pourquoi Thésée est-il si éprouvé par les propos, pourtant raisonnables, que vient de lui tenir son fils? — Pourquoi Racine a-t-il tenu à marquer l'innocence de Thésée dans cette équipée de son ami Pirithoüs? Cherchez les raisons de ce récit, apparemment étranger à la tragédie. — Que rappellent et que préparent les histoires de monstres dévorant les mortels (vers 963-964; voir également vers 970)? Pourquoi le cachot de Thésée évoque-t-il si bien les Enfers eux-mêmes (vers 966)? — Comment le passé héroïque de Thésée rend-il sa situation présente encore pire, et comment laisse-t-il prévoir un dénouement tragique? Expliquez les sentiments éprouvés par le héros au vers 977, en particulier.

■ SUR L'ENSEMBLE DE LA SCÈNE V. — Pourquoi, en définitive, Hippolyte, lui aussi, cache-t-il l'essentiel de la vérité à son père? Montrez que sa réticence s'explique par la même raison que celle de Phèdre.

— Pourquoi Racine a-t-il tenu à faire expliquer par Thésée lui-même les raisons de son absence? Appréciez, à cet endroit, le naturel de ce récit.

— Un héros majestueux et terrible, un époux digne et un père aimant, un cœur blessé et une sensibilité à vif : montrez que tous ces traits vont dans le sens de la grandeur tragique du personnage de Thésée. Montrez que Racine a, de plus, épuré l'image du héros par rapport à la légende antique. Reste-t-il cependant étranger à l'univers passionnel dans lequel vivent les autres personnages?

— L'évocation des monstres dans cette scène : quelle valeur poétique et symbolique prennent ces images à ce moment de l'action?

Et lui dire un amour qu'il peut vouloir troubler,
1000 Mais que tout son pouvoir ne saurait ébranler.

ACTE IV

Scène première. — THÉSÉE, ŒNONE.

THÉSÉE

Ah ! qu'est-ce que j'entends? Un traître, un téméraire
Préparait cet outrage à l'honneur de son père?
Avec quelle rigueur, destin, tu me poursuis!
Je ne sais où je vais, je ne sais où je suis.
1005 O tendresse! ô bonté trop mal récompensée!

─────── **QUESTIONS** ───────

■ Sur la scène vi. — Cherchez les causes de l'inquiétude d'Hippolyte. En quoi consiste sa culpabilité (vers 993)? Pourquoi ensuite affirme-t-il son innocence (vers 996)? — Quelle raison le pousse finalement à vouloir avouer son amour à son père? Les deux sentiments qu'il veut concilier (vers 998 et 1000).

— L'utilité dramatique de cette courte scène.

■ Sur l'ensemble de l'acte III. — Le caractère de Thésée : comment nous apparaît-il? Quels éléments tragiques apporte-t-il?

— Analysez l'évolution du personnage de Phèdre dans cet acte. Quelle importance Œnone prend-elle de plus en plus?

— Le retour de Thésée : importance dramatique; préparation. Quelles menaces ce personnage fait-il peser à la fin de l'acte? Montrez qu'Hippolyte a lui-même de sombres pressentiments. Pour le spectateur, qui connaît les intentions d'Œnone (scène III) et celles d'Hippolyte (scène VI), vers quelle situation la tragédie semble-t-elle évoluer?

● Vers 1001-1022. Que s'est-il passé entre le troisième et le quatrième acte? — Pourquoi Racine n'a-t-il fait commencer la scène qu'après la dénonciation? A qui s'en prend-il d'abord (vers 1003-1004)? Montrez l'importance de ce fait, dans le cas présent et pour le héros racinien en général. — Le récit d'Œnone (vers 1014-1022) ne contient-il pas une part importante de vérité (se reporter à la scène v de l'acte II)? Comment réussit-elle à écarter l'objection qui naît à l'esprit de Thésée aux vers 1012-1013?

● Vers 1023-1034. Comparez les vers 1023-1026 à l'attitude d'Hippolyte devant son père. A quel trait de caractère est due cette interprétation de Thésée? — Quelle raison attise la curiosité de Thésée? Pourquoi Œnone se montre-t-elle si réservée? Montrez l'ambiguïté de ses dernières répliques.

Projet audacieux! détestable pensée!
Pour parvenir au but de ses noires[1] amours,
L'insolent de la force empruntait le secours.
J'ai reconnu le fer, instrument de sa rage[2],
1010 Ce fer dont je l'armai pour un plus noble usage.
Tous les liens du sang* n'ont pu le retenir?
Et Phèdre différait à le faire punir?
Le silence de Phèdre épargnait le coupable?

ŒNONE

Phèdre épargnait plutôt un père déplorable[3].
1015 Honteuse du dessein d'un amant furieux*
Et du feu criminel qu'il a pris dans ses yeux,
Phèdre mourait, Seigneur, et sa main meurtrière
Éteignait de ses yeux l'innocente lumière.
J'ai vu lever le bras, j'ai couru la sauver.
1020 Moi seule à votre amour j'ai su la conserver;
Et plaignant à la fois son trouble et vos alarmes,
J'ai servi, malgré moi, d'interprète à ses larmes.

THÉSÉE

Le perfide! Il n'a pu s'empêcher de pâlir.
De crainte, en m'abordant[4], je l'ai vu tressaillir.
1025 Je me suis étonné de son peu d'allégresse;
Ses froids embrassements ont glacé ma tendresse.
Mais ce coupable amour dont il est dévoré
Dans Athènes déjà s'était-il déclaré?

ŒNONE

Seigneur, souvenez-vous des plaintes de la Reine.
1030 Un amour criminel causa toute sa haine.

THÉSÉE

Et ce feu dans Trézène a donc recommencé?

ŒNONE

Je vous ai dit, Seigneur, tout ce qui s'est passé.
C'est trop laisser la Reine à sa douleur mortelle;
Souffrez que je vous quitte et me range auprès d'elle.

---

1. *Noires* : criminelles ; 2. *Rage* : passion furieuse ; 3. *Déplorable* : voir vers 529 et la note ; 4. *En m'abordant* : quand il m'a abordé ; voir vers 407 et la note.

Scène II. — THÉSÉE, HIPPOLYTE.

THÉSÉE

1035 Ah! le voici. Grands Dieux! à ce noble maintien
Quel œil ne serait pas trompé comme le mien?
Faut-il que sur le front d'un profane adultère
Brille de la vertu le sacré caractère[1]?
Et ne devrait-on pas à des signes certains
1040 Reconnaître le cœur des perfides humains?

HIPPOLYTE

Puis-je vous demander quel funeste* nuage,
Seigneur, a pu troubler votre auguste visage?
N'osez-vous confier ce secret à ma foi[2]?

THÉSÉE

Perfide! oses-tu bien te montrer devant moi?
1045 Monstre*, qu'a trop longtemps épargné le tonnerre,
Reste impur des brigands dont j'ai purgé la terre.
Après que le transport d'un amour plein d'horreur*
Jusqu'au lit de ton père a porté sa fureur*,
Tu m'oses présenter une tête[3] ennemie,
1050 Tu parais dans des lieux pleins de ton infamie,
Et ne vas pas chercher, sous un ciel inconnu,
Des pays où mon nom ne soit point parvenu.
Fuis, traître. Ne viens point braver ici ma haine,
Et tenter un courroux que je retiens à peine[4].
1055 C'est bien assez pour moi de l'opprobre éternel
D'avoir pu mettre au jour un fils si criminel,

---

1. *Caractère* · marque, signe; 2. *Foi* : voir vers 233 et la note; 3. *Tête* : voir vers 6 et la note; 4. *A peine* : avec peine.

--- QUESTIONS ---

■ Sur l'ensemble de la scène première. — L'accélération de l'action : montrez qu'il est désormais impossible de l'arrêter.
— Les nouveaux traits du caractère d'Œnone. Quel sentiment l'excuse à ses propres yeux et lui procure même une certaine fierté (vers 1020)?

● Vers 1035-1043. S'attendait-on à voir Hippolyte reparaître (voir acte III, scène VI)? L'ironie tragique des vers 1035-1040 : pourquoi Thésée passe-t-il outre cependant à sa première impression? — Quelle attitude Hippolyte prend-il à l'égard de son père? Peut-il réussir ainsi à « émouvoir sa tendresse », comme il se l'était proposé au vers 998?

Sans que ta mort encor, honteuse à ma mémoire[1],
De mes nobles travaux vienne souiller la gloire.
Fuis; et si tu ne veux qu'un châtiment soudain
1060 T'ajoute aux scélérats qu'a punis cette main,
Prends garde que jamais l'astre qui nous éclaire
Ne te voie en ces lieux mettre un pied téméraire.
Fuis, dis-je; et sans retour précipitant tes pas,
De ton horrible aspect purge tous mes États.
1065 Et toi, Neptune, et toi, si jadis mon courage
D'infâmes assassins nettoya ton rivage,
Souviens-toi que pour prix de mes efforts heureux,
Tu promis d'exaucer le premier de mes vœux.
Dans les longues rigueurs d'une prison cruelle
1070 Je n'ai point imploré ta puissance immortelle.
Avare du secours que j'attends de tes soins,
Mes vœux t'ont réservé pour de plus grands besoins.
Je t'implore aujourd'hui. Venge un malheureux père.
J'abandonne ce traître à toute ta colère;
1075 Étouffe dans son sang* ses désirs effrontés :
Thésée à tes fureurs* connaîtra[2] tes bontés.

HIPPOLYTE

D'un amour criminel Phèdre accuse Hippolyte!
Un tel excès d'horreur* rend mon âme interdite[3];
Tant de coups imprévus m'accablent à la fois,
1080 Qu'ils m'ôtent la parole et m'étouffent la voix.

THÉSÉE

Traître, tu prétendais qu'en un lâche silence
Phèdre ensevelirait ta brutale insolence.

---

1. *Ma mémoire :* souvenir que je compte laisser ; 2. *Connaître :* reconnaître ;
3. *Interdite :* troublée au point que je reste sans voix.

--- **QUESTIONS** ---

● Vers 1044-1076. N'y a-t-il pas dans l'explosion de la colère de Thésée
une sorte de tragique grandeur? Composition de cette tirade. Recherchez
les procédés oratoires qui martèlent et relancent le mouvement : la
progression de la colère de Thésée; la violence dans le choix des mots,
dans le rythme et les sonorités. — Étudiez l'effet du mot *monstre*
(vers 1045) à cette place et appliqué à Hippolyte : quelle est l'idée
fondamentale de tout ce passage à laquelle se rattache l'idée de monstre?
— Rapprochez la prière de Thésée à Neptune de celle de Phèdre à Vénus
(III, II) : importance dramatique; valeur tragique. Montrez qu'aux
moments de plus forte intensité dramatique les dieux sont invoqués
directement, consciemment par les hommes, qui, entre-temps, en sont
les jouets inconscients.

LE TRAGÉDIEN TALMA (1763-1826) DANS LE RÔLE D'HIPPOLYTE
Portrait par Libour.

Il fallait, en fuyant, ne pas abandonner
Le fer qui dans ses mains aide à te condamner ;
1085 Ou plutôt il fallait, comblant ta perfidie[1],
Lui ravir tout d'un coup[2] la parole et la vie.

HIPPOLYTE

D'un mensonge si noir justement irrité,
Je devrais faire ici parler la vérité,
Seigneur ; mais je supprime[3] un secret qui vous touche.
1090 Approuvez le respect qui me ferme la bouche ;
Et sans vouloir vous-même augmenter vos ennuis[4],
Examinez ma vie, et songez qui je suis.
Quelques crimes toujours précèdent les grands crimes.
Quiconque a pu franchir les bornes légitimes[5]
1095 Peut violer enfin[6] les droits les plus sacrés ;
Ainsi que la vertu, le crime a ses degrés ;
Et jamais on n'a vu la timide innocence
Passer subitement à l'extrême licence.
Un jour seul ne fait point d'un mortel vertueux
1100 Un perfide assassin, un lâche incestueux.
Élevé dans le sein d'une chaste héroïne,
Je n'ai point de son sang démenti l'origine.
Pitthée[7], estimé sage entre tous les humains,
Daigna m'instruire encore au sortir de ses mains[8].
1105 Je ne veux point me peindre avec trop d'avantage ;
Mais si quelque vertu m'est tombée en partage,
Seigneur, je crois surtout avoir fait éclater[9]
La haine des forfaits qu'on ose m'imputer.
C'est par là qu'Hippolyte est connu dans la Grèce.
1110 J'ai poussé la vertu jusques à la rudesse.
On sait de mes chagrins[10] l'inflexible rigueur.
Le jour n'est pas plus pur que le fond de mon cœur.
Et l'on veut qu'Hippolyte, épris d'un feu profane...

---

1. Mettant un comble à ta perfidie (voir vers 849 et la note) ; 2. *Tout d'un coup* : à la fois, du même coup ; 3. *Supprimer* : taire ; 4. *Ennuis* : voir vers 255 et la note ; 5. *Légitimes* : fixées par les lois ; 6. *Enfin* : à la fin, pour finir ; 7. *Pitthée* : voir vers 478 et la note ; 8. *Ses mains* : celles d'Antiope ; 9. *Faire éclater* : manifester avec éclat ; 10. *Chagrins* : humeur austère et farouche.

■ QUESTIONS ■

● Vers 1077-1086. Quelle valeur prend le choc des deux noms au vers 1077 ? La stupéfaction d'Hippolyte est-elle naturelle ? — La logique de Thésée dans sa fureur : quelles certitudes a-t-il tirées des accusations ambiguës d'Œnone ?

THÉSÉE

Oui, c'est ce même orgueil, lâche! qui te condamne.
1115 Je vois de tes froideurs le principe odieux :
Phèdre seule charmait tes impudiques yeux;
Et pour tout autre objet[1] ton âme indifférente
Dédaignait de brûler d'une flamme innocente.

HIPPOLYTE

Non, mon père, ce cœur, c'est trop vous le celer,
1120 N'a point d'un chaste amour dédaigné de brûler.
Je confesse à vos pieds ma véritable offense :
J'aime, j'aime, il est vrai, malgré votre défense.
Aricie à ses lois tient mes vœux asservis;
La fille de Pallante a vaincu votre fils.
1125 Je l'adore, et mon âme, à vos ordres rebelle,
Ne peut ni soupirer ni brûler que pour elle.

THÉSÉE

Tu l'aimes? ciel! Mais non, l'artifice est grossier.
Tu te feins criminel pour te justifier.

HIPPOLYTE

Seigneur, depuis six mois je l'évite, et je l'aime.
1130 Je venais en tremblant vous le dire à vous-même.
Hé quoi? de votre erreur rien ne vous peut tirer?
Par quel affreux[2] serment faut-il vous rassurer?
Que la terre, le ciel, que toute la nature...

1. *Objet :* voir vers 636 et la note ; 2. *Affreux :* redoutable, effroyable.

━━━━━━━━ ● QUESTIONS ━━━━━━━━

● Vers 1087-1118. Comment Hippolyte se défend-il? Montrez la noblesse, empreinte de fermeté indignée, du début de sa tirade (vers 1087-1092). — Appréciez ses chances de convaincre son père, même indépendamment de l'aveuglement de celui-ci. Ce qu'il dit de son caractère et de sa vie n'a-t-il pas un certain poids contre les accusations d'Œnone? Pourquoi reste-t-il dans les généralités? — Relevez les maximes morales contenues dans ce passage. Étudiez la valeur poétique du vers 1112; rapprochez-le du vers 598 et des vers 1643-1644. — Comment se marque l'aveuglement de Thésée dans sa réponse (vers 1114-1118)? Cette attitude est-elle entièrement inexplicable?
● Vers 1119-1128. Pourquoi Hippolyte avoue-t-il seulement maintenant son amour pour Aricie? Aurait-il eu plus de chances de convaincre son père s'il avait commencé par cet argument? — La réponse de Thésée : quelle est sa première réaction? Pourquoi refuse-t-il comme un mauvais alibi l'aveu que vient de faire Hippolyte?

THÉSÉE

Toujours les scélérats ont recours au parjure.
1135 Cesse, cesse, et m'épargne un importun discours,
Si ta fausse vertu n'a point d'autre secours.

HIPPOLYTE

Elle vous paraît fausse et pleine d'artifice.
Phèdre au fond de son cœur me rend plus de justice.

THÉSÉE

Ah! que ton impudence excite mon courroux!

HIPPOLYTE

1140 Quel temps à mon exil, quel lieu prescrivez-vous?

THÉSÉE

Fusses-tu par delà les colonnes d'Alcide[1],
Je me croirais encor trop voisin d'un perfide.

HIPPOLYTE

Chargé du crime affreux dont vous me soupçonnez,
Quels amis me plaindront, quand vous m'abandonnez?

THÉSÉE

1145 Va chercher des amis dont l'estime funeste*
Honore l'adultère, applaudisse à l'inceste,
Des traîtres, des ingrats sans honneur et sans loi,
Dignes de protéger un méchant tel que toi.

HIPPOLYTE

Vous me parlez toujours d'inceste et d'adultère?

---

1. *Alcide* : Hercule. Les *colonnes d'Alcide*, l'actuel détroit de Gibraltar, étaient pour les Anciens une des bornes du monde connu.

━━━━━━ **QUESTIONS** ━━━━━━

● Vers 1129-1156. Quel état d'esprit marquent, chez Hippolyte, les vers 1129-1133? Rapprochez le vers 1130 du vers 925; caractérisez l'attitude du jeune prince devant son père. — Pourquoi Thésée interrompt-il encore son fils (vers 1134)? — Expliquez le vers 1138. Comment s'explique, à partir de ce vers, la violence d'Hippolyte? Montrez que cette maladresse suprême était inévitable. — N'y a-t-il pas quelque chose de pitoyable dans les vers 1143-1144? — Montrez la progression de la colère chez Thésée et expliquez-en la cause. Quel effet produit-elle sur le spectateur? — Étudiez, dans les vers 1149-1152, l'embarras, les lenteurs gênées d'Hippolyte. Pourquoi reste-t-il si réservé? Quelle valeur tragique et irrémédiable prend l'ordre donné au vers 1155 (voir vers 1065 et suivants, et comparer à *Bajazet*, V, IV, vers 1564)?

1150 Je me tais. Cependant Phèdre sort d'une mère,
    Phèdre est d'un sang*, Seigneur, vous le savez trop bien,
    De toutes ces horreurs* plus rempli que le mien.

THÉSÉE

    Quoi! ta rage à mes yeux perd toute retenue?
    Pour la dernière fois, ôte-toi de ma vue :
1155 Sors, traître. N'attends pas qu'un père furieux*
    Te fasse avec opprobre arracher de ces lieux.

SCÈNE III. — THÉSÉE, *seul.*

    Misérable, tu cours à ta perte infaillible.
    Neptune, par le fleuve[1] aux Dieux mêmes terrible,
    M'a donné sa parole, et va l'exécuter.
1160 Un Dieu vengeur te suit[2], tu ne peux l'éviter.
    Je t'aimais; et je sens que malgré ton offense
    Mes entrailles[3] pour toi se troublent par avance.
    Mais à te condamner tu m'as trop engagé[4].
    Jamais père en effet fut-il plus outragé?
1165 Justes Dieux, qui voyez la douleur qui m'accable,
    Ai-je pu mettre au jour un enfant si coupable?

---

1. *Le fleuve* : le Styx; 2. *Suivre* : poursuivre; 3. *Entrailles* : cœur. Le mot est du langage noble à l'époque; 4. *Engager* : inciter.

━━━━━ **QUESTIONS** ━━━━━

■ Sur l'ensemble de la scène II. — Quels sont les différents mouvements de cette scène où Thésée se donne le rôle de juge?

— Montrez que tout ce que dit Hippolyte pour sa défense ne fait chaque fois que le rendre un peu plus coupable aux yeux de son père.

— Pourquoi Hippolyte ne précise-t-il pas son accusation contre Phèdre à la fin de la scène? Lui reste-t-il quelque espoir d'apaiser son père?

— Dans quelle mesure le souvenir de ses propres fautes de jeunesse a-t-il pu inciter Thésée à soupçonner son fils d'un amour coupable? Racine le suggère-t-il?

■ Sur la scène III. — Les différents sentiments de Thésée dans ce court monologue. Pourquoi n'apprend-on son amour paternel que maintenant? Qu'a d'effrayant le *Je t'aimais* du vers 1161? Pourquoi la question du vers 1164?

— Intérêt dramatique de ce monologue : pourquoi fallait-il éviter que Phèdre revoie Hippolyte? Pourquoi souligner que le jeune prince ne peut plus échapper à la mort?

Scène IV. — PHÈDRE, THÉSÉE

PHÈDRE

Seigneur, je viens à vous, pleine d'un juste[1] effroi.
Votre voix redoutable a passé jusqu'à moi.
Je crains qu'un prompt effet n'ait suivi la menace.
1170 S'il en est temps encore, épargnez votre race,
Respectez votre sang*, j'ose vous en prier.
Sauvez-moi de l'horreur* de l'entendre crier[2];
Ne me préparez point la douleur éternelle
De l'avoir fait répandre à la main paternelle.

THÉSÉE

1175 Non, Madame, en mon sang* ma main n'a point trempé.
Mais l'ingrat toutefois ne m'est point échappé.
Une immortelle main de sa perte est chargée.
Neptune me la doit, et vous serez vengée.

PHÈDRE

Neptune vous la doit! Quoi? vos vœux irrités...

THÉSÉE

1180 Quoi? craignez-vous déjà qu'ils ne soient écoutés?
Joignez-vous bien plutôt à mes vœux légitimes.
Dans toute leur noirceur retracez-moi ses crimes;
Échauffez mes transports[3] trop lents, trop retenus.
Tous ses crimes encor ne vous sont pas connus :
1185 Sa fureur* contre vous se répand en injures :
Votre bouche, dit-il, est pleine d'impostures;
Il soutient qu'Aricie a son cœur, a sa foi,
Qu'il l'aime.

PHÈDRE

Quoi! Seigneur?

---

1. *Juste* : voir vers 361 et la note; 2. L'expression rappelle la formule biblique : « Le sang de ton frère monte de la terre et crie vers moi » (Genèse, IV, x); 3. *Transports* : ici, les emportements de la colère.

━━━━ ● QUESTIONS ━━━━

● Vers 1167-1183. Quel est l'objet de la démarche de Phèdre? Quel sentiment la pousse? Sous quelle forme présente-t-elle sa requête? Risque-t-elle de réussir? — Montrez qu'en réalité Thésée répond à côté de la question, au vers 1175. Expliquez l'effet produit sur Phèdre (vers 1179) par la révélation de Thésée, au vers 1178. — L'empressement de Thésée à voir la mort de son fils consommée est-il un dernier écho de sa fureur ou vient-il de la crainte de rapporter sa décision par faiblesse paternelle? Comment interpréter son incitation à attiser sa colère (vers 1182-1183)?

DÉCOR DE *PHÈDRE* À LA COMÉDIE-FRANÇAISE (1959)

THÉSÉE

Il l'a dit devant moi.
Mais je sais rejeter un frivole[1] artifice.
1190 Espérons de Neptune une prompte justice.
Je vais moi-même encore au pied de ses autels
Le presser d'accomplir ses serments immortels.

SCÈNE V. — PHÈDRE, *seule*.

Il sort. Quelle nouvelle a frappé mon oreille?
Quel feu mal étouffé dans mon cœur se réveille?
1195 Quel coup de foudre, ô ciel! et quel funeste* avis[2]!
Je volais toute entière au secours de son fils;
En m'arrachant des bras d'Œnone épouvantée,
Je cédais au remords dont j'étais tourmentée[3].
Qui sait même où m'allait porter ce repentir?
1200 Peut-être à m'accuser j'aurais pu consentir;
Peut-être, si la voix ne m'eût été coupée,
L'affreuse vérité me serait échappée.
Hippolyte est sensible, et ne sent rien pour moi!
Aricie a son cœur! Aricie a sa foi!
1205 Ah, Dieux! Lorsqu'à mes vœux l'ingrat inexorable
S'armait d'un œil si fier, d'un front si redoutable,
Je pensais qu'à l'amour son cœur toujours fermé
Fût[4] contre tout mon sexe également armé.
Une autre cependant a fléchi son audace;
1210 Devant ses yeux cruels une autre a trouvé grâce.
Peut-être a-t-il un cœur facile à s'attendrir.

---

1. *Frivole* : qui ne mérite pas qu'on s'y arrête ; 2. *Avis* : nouvelle ; 3. *Tourmentée* : torturée ; 4. *Fût.* Ce subjonctif, fréquent au XVIIe siècle, marque la fausseté de la croyance ; à rapprocher de l'emploi inverse de l'indicatif dans le vers 876.

■ QUESTIONS

● VERS 1184-1192. Montrez l'importance dramatique des vers 1187-1188. Comment la colère se marque-t-elle encore dans cette fin de scène : rythme, juxtaposition des idées? — Quelle est l'attitude de Phèdre, pendant que Thésée prononce la dernière réplique? La brusque sortie du roi : pourquoi veut-il une fois encore invoquer Neptune?

■ SUR L'ENSEMBLE DE LA SCÈNE IV. — Que venait faire Phèdre auprès de Thésée? Qu'aurait-elle fait sans doute?

— Quelle est la péripétie essentielle à l'action de la tragédie qui, au moment où Phèdre était le plus près d'échapper à sa faute, l'y replonge ici tout entière?

— Montrez que jamais héroïne tragique n'avait aussi pleinement, chez Racine, inspiré la pitié que Phèdre ici.

Je suis le seul objet[1] qu'il ne saurait souffrir;
Et je me chargerais du soin de le défendre?

Scène VI. — PHÈDRE, ŒNONE.

PHÈDRE

Chère Œnone, sais-tu ce que je viens d'apprendre?

ŒNONE

1215 Non, mais je viens tremblante, à ne vous point mentir.
J'ai pâli du dessein qui vous a fait sortir :
J'ai craint une fureur* à vous-même fatale.

PHÈDRE

Œnone, qui l'eût cru? j'avais une rivale.

ŒNONE

Comment?

PHÈDRE

Hippolyte aime, et je n'en puis douter.
1270 Ce farouche ennemi qu'on ne pouvait dompter,
Qu'offensait le respect, qu'importunait la plainte,
Ce tigre, que jamais je n'abordai sans crainte,
Soumis, apprivoisé, reconnaît un vainqueur :
Aricie a trouvé le chemin* de son cœur.

---

1. *Objet* : voir vers 636 et la note.

QUESTIONS

■ Sur la scène V. — Composition de ce monologue. Imaginez l'attitude et le ton de Phèdre pendant cette scène. Sa jalousie était-elle prévisible?

— En paraissant devant Thésée, Phèdre avait-elle toutes les intentions qu'elle se prête maintenant (vers 1196-1202)? Rapprochez les vers 1203-1210 de la scène II de l'acte III : quelle ironie tragique prend alors la prière à Vénus? Qu'est-ce qui, dans le rythme et les sonorités, fait du vers 1204 un véritable cri de torture?

— Montrez qu'une fois encore Phèdre n'est pas libre de ses actes et qu'elle est la pitoyable victime du sort. Sa révolte (vers 1212-1213) n'est-elle pas à la fois une marque de faiblesse et un trait bien humain? Comment le dernier vers est-il le couronnement de tout ce monologue?

● Vers 1214-1224. Pourquoi Racine fait-il encore une fois apparaître Œnone? Quelle résonance a l'adjectif *cher* au vers 1214? — Rapprochez le vers 1215 du vers 1197; montrez que le mot *tremblant* jalonne la pièce (par exemple, vers 925). Quelle avait été la crainte d'Œnone? — Soulignez l'ironie amère avec laquelle Phèdre rapporte à Œnone ce qu'elle vient d'apprendre (vers 1219-1224).

ŒNONE

1225 Aricie?

PHÈDRE

Ah! douleur non encore éprouvée!
A quel nouveau tourment[1] je me suis réservée!
Tout ce que j'ai souffert, mes craintes, mes transports,
La fureur* de mes feux, l'horreur* de mes remords,
Et d'un refus cruel l'insupportable injure,
1230 N'était qu'un faible essai[2] du tourment que j'endure.
Ils s'aiment! Par quel charme* ont-ils trompé mes yeux?
Comment se sont-ils vus? Depuis quand? Dans quels lieux?
Tu le savais. Pourquoi me laissais-tu séduire[3]?
De leur furtive ardeur ne pouvais-tu m'instruire?
1235 Les a-t-on vus souvent se parler, se chercher?
Dans le fond des forêts allaient-ils se cacher?
Hélas! ils se voyaient avec pleine licence[4].
Le ciel de leurs soupirs approuvait l'innocence;
Ils suivaient sans remords leur penchant amoureux;
1240 Tous les jours se levaient clairs et sereins pour eux.
Et moi, triste rebut de la nature entière,
Je me cachais au jour, je fuyais la lumière :
La mort est le seul Dieu que j'osais implorer.
J'attendais le moment où j'allais expirer;
1245 Me nourrissant de fiel[5], de larmes abreuvée,
Encor dans mon malheur de trop près observée,
Je n'osais dans mes pleurs me noyer à loisir;
Je goûtais en tremblant ce funeste* plaisir;
Et sous un front serein déguisant mes alarmes[6],
1250 Il fallait bien souvent me priver de mes larmes.

---

1. *Tourment* : torture morale; 2. *Essai* : avant-goût; 3. *Séduire* : voir vers 682 et la note; 4. *Licence* : liberté, sans idée d'excès; 5. *Fiel* : amertume; 6. *Alarmes* : cruels soucis.

● **QUESTIONS**

● VERS 1225-1250. Composition de cette tirade. Montrez le naturel de ce retour sur le passé : quelles sont les deux images opposées qui hantent la pensée de Phèdre? Analysez la force des vers 1225-1230 : choix des mots, sonorités. — Comment se révèle l'égarement de Phèdre (vers 1231-1237)? Expliquez les reproches qu'elle fait à Œnone (vers 1233-1234). Rapprochez le vers 1236 du vers 176. — Quel sentiment se marque au vers 1237? — L'évocation des amours d'Hippolyte et d'Aricie (vers 1238-1240) : quelle idée morale obsède Phèdre, ici? Soulignez-en la portée. — Étudiez l'importance poétique et psychologique des évocations du jour (vers 1240-1242; voir vers 149 et 1644-1645). A quel aspect de ses souffrances Phèdre s'attache-t-elle surtout maintenant?

ŒNONE

Quel fruit recevront-ils de leurs vaines amours ?
Ils ne se verront plus.

PHÈDRE

                    Ils s'aimeront toujours.
Au moment que je parle, ah ! mortelle pensée !
Ils bravent la fureur* d'une amante insensée.
1255 Malgré ce même exil[1] qui va les écarter[2],
Ils font mille serments de ne se point quitter.
Non, je ne puis souffrir un bonheur qui m'outrage,
Œnone. Prends pitié de ma jalouse rage.
Il faut perdre Aricie. Il faut de mon époux
1260 Contre un sang* odieux réveiller le courroux.
Qu'il ne se borne pas à des peines légères :
Le crime de la sœur passe[3] celui des frères.
Dans mes jaloux transports je le veux implorer.
Que fais-je ? Où ma raison se va-t-elle égarer ?
1265 Moi jalouse ! et Thésée est celui que j'implore !
Mon époux est vivant, et moi je brûle encore !
Pour qui ? Quel est le cœur où prétendent mes vœux ?
Chaque mot sur mon front fait dresser mes cheveux.
Mes crimes désormais ont comblé la mesure.
1270 Je respire[4] à la fois l'inceste et l'imposture.
Mes homicides mains, promptes à me venger,
Dans le sang* innocent brûlent de se plonger.
Misérable ! et je vis ? et je soutiens la vue
De ce sacré soleil dont je suis descendue[5] ?

---

1. *Ce même exil* : cet exil même ; 2. *Écarter* : séparer ; 3. *Passe* : voir vers 514 et la note ; 4. *Respirer* : être tout entier adonné à ; 5. *Descendue* : voir vers 170 et la note.

● **QUESTIONS** ●

● VERS 1251-1272. Quelle consolation peut apporter à Phèdre la remarque d'Œnone ? Quel trait de caractère la nourrice manifeste-t-elle par là ? Montrez la force antithétique du vers 1252. — Phèdre se trompe-t-elle aux vers 1252-1256 (voir V, 1) ? Pourquoi se complaît-elle à cette évocation douloureuse ? — Montrez la logique de sa jalousie (vers 1257-1260). Expliquez le vers 1262 ; soulignez-en la force passionnelle. — Le sursaut des vers 1264-1268 : que révèle-t-il, au point de vue moral, chez Phèdre ? Montrez que Phèdre atteint ici le fond de la douleur. Comment se marque le désespoir impuissant aux vers 1269-1272 ?

1275 J'ai pour aïeul le père et le maître des Dieux;
     Le ciel, tout l'univers est plein de mes aïeux.
     Où me cacher? Fuyons dans la nuit infernale¹.
     Mais que dis-je? mon père y tient l'urne fatale*;
     Le sort, dit-on, l'a mise en ses sévères mains :
1280 Minos juge aux enfers tous les pâles humains.
     Ah! combien frémira son ombre épouvantée,
     Lorsqu'il verra sa fille à ses yeux présentée,
     Contrainte d'avouer tant de forfaits divers,
     Et des crimes peut-être inconnus aux enfers!
1285 Que diras-tu, mon père, à ce spectacle horrible*?
     Je crois voir de ta main tomber l'urne terrible;
     Je crois te voir, cherchant un supplice nouveau,
     Toi-même de ton sang devenir le bourreau.
     Pardonne. Un Dieu cruel a perdu ta famille;
1290 Reconnais sa vengeance aux fureurs* de ta fille.
     Hélas! du crime affreux dont la honte me suit²
     Jamais mon triste³ cœur n'a recueilli le fruit.
     Jusqu'au dernier soupir de malheurs poursuivie,
     Je rends dans les tourments⁴ une pénible vie.

                    ŒNONE

1295 Hé! repoussez, Madame, une injuste⁵ terreur.
     Regardez d'un autre œil une excusable erreur.
     Vous aimez. On ne peut vaincre sa destinée.
     Par un charme* fatal* vous fûtes entraînée.
     Est-ce donc un prodige inouï parmi nous?
1300 L'amour n'a-t-il encore triomphé que de vous?
     La faiblesse aux humains n'est que trop naturelle.

---

1. *Infernale :* des Enfers; 2. *Suit :* voir vers 1160 et la note; 3. *Triste :* voir vers 861 et la note; 4. *Tourment :* voir vers 1226 et la note; 5. *Injuste :* mal fondée.

───── **QUESTIONS** ─────

● Vers 1273-1294. Comment est amenée l'hallucination (conditions psychologiques; présence des dieux, de plus en plus précise)? Comment Phèdre apparaît-elle traquée (vers 1273-1279)? Quels mots ou expressions imposent des images, des visions à l'esprit du spectateur? — Comment se fait le retour au réel? Montrez ce que les vers 1291-1292 nous révèlent de terrible sur ces profondeurs du cœur de Phèdre. Essayez d'expliquer comment en elle peuvent coexister les remords et de tels regrets. Par quoi se termine cette longue tirade?

Mortelle, subissez le sort d'une mortelle.
Vous vous plaignez d'un joug imposé dès longtemps.
Les Dieux même, les Dieux, de l'Olympe habitants,
1305 Qui d'un bruit¹ si terrible épouvantent les crimes²,
Ont brûlé quelquefois de feux illégitimes.

PHÈDRE

Qu'entends-je? Quels conseils ose-t-on me donner?
Ainsi donc jusqu'au bout tu veux m'empoisonner,
Malheureuse? Voilà comme tu m'as perdue.
1310 Au jour que je fuyais* c'est toi qui m'as rendue.
Tes prières m'ont fait oublier mon devoir.
J'évitais Hippolyte, et tu me l'as fait voir.
De quoi te chargeais-tu? Pourquoi ta bouche impie
A-t-elle, en l'accusant, osé noircir sa vie?
1315 Il en mourra peut-être, et d'un père insensé
Le sacrilège vœu peut-être est exaucé.
Je ne t'écoute plus. Va-t'en, monstre* exécrable.
Va, laisse-moi le soin de mon sort déplorable.
Puisse le juste ciel dignement te payer!
1320 Et puisse ton supplice à jamais effrayer
Tous ceux qui, comme toi, par de lâches adresses³,
Des princes malheureux nourrissent les faiblesses,
Les poussent au penchant où leur cœur est enclin,
Et leur osent du crime aplanir le chemin*,

---

1. *Bruit* : voir vers 407 et la note ; 2. *Crimes* : les criminels ; 3. *Adresses* : voir vers 997 et la note ; la valeur péjorative vient ici de l'adjectif *lâches*.

QUESTIONS

● Vers 1295-1306. Les arguments d'Œnone; quelles raisons la poussent une fois de plus sur la pente de l'indulgence? Quelle attitude prêche-t-elle (vers 1297, 1302)? Peut-on la blâmer totalement, si l'on tient compte de ce que représente Phèdre pour elle? Appréciez l'argument des vers 1304-1306; peut-il calmer les remords de Phèdre?

● Vers 1307-1328. Pourquoi Phèdre finit-elle à ce moment précis (vers 1306) par se révolter contre Œnone? Montrez l'injustice terrible de Phèdre à l'égard de sa nourrice (vers 1307-1314). — Œnone fait-elle partie de la catégorie de gens que flétrit Phèdre aux vers 1321-1326? Quelle résonance pouvait avoir, pour les spectateurs de 1677, cette condamnation des courtisans flatteurs? — Comment s'explique *Je l'ai bien mérité* (vers 1328)?

1325 Détestables flatteurs, présent le plus funeste*
Que puisse faire aux rois la colère céleste!

ŒNONE, *seule*.

Ah, Dieux! pour la servir j'ai tout fait, tout quitté;
Et j'en reçois ce prix? Je l'ai bien mérité.

ACTE V

Scène première. — HIPPOLYTE, ARICIE.

ARICIE

Quoi? vous pouvez vous taire en ce péril extrême?
1330 Vous laissez dans l'erreur un père qui vous aime?
Cruel, si de mes pleurs méprisant le pouvoir,
Vous consentez sans peine à ne me plus revoir,
Partez, séparez-vous de la triste Aricie.
Mais du moins en partant assurez votre vie.
1335 Défendez votre honneur d'un reproche honteux,
Et forcez votre père à révoquer¹ ses vœux.

---

1. *Révoquer* : retirer, annuler.

— QUESTIONS —

■ Sur l'ensemble de la scène VI. — Comment progresse cette scène? Quel en est l'unique moteur?
— Montrez qu'en même temps Phèdre touche au fond de l'enfer moral, et le spectateur, au fond de son caractère.
— Comparez cette scène à la scène III de l'acte premier. Le surnaturel dans ces deux scènes.
— Comment Racine a-t-il su concilier, dans cette scène, l'égarement et la noblesse de son héroïne, la violence et la poésie musicale de ses propos?
— Comparez la jalousie de Phèdre à celle d'autres héroïnes raciniennes (Hermione, Roxane).

■ Sur l'ensemble de l'acte IV. — Montrez que tout est joué à la fin de cet acte, et que l'acte V, comme souvent chez Racine, ne fera qu'exposer les conséquences de ce qui vient de se passer.
— Il n'est aucun personnage dans cet acte qui n'ait à tout moment toute notre compassion. Un dieu cruel les perd : se révoltent-ils contre lui? Devant cette personne divine et terrifiante, quel sentiment Racine éveille-t-il dans l'esprit du spectateur?

Il en est temps encor. Pourquoi, par quel caprice,
Laissez-vous le champ libre à votre accusatrice?
Éclaircissez[1] Thésée.

HIPPOLYTE

           Hé! que n'ai-je point dit?
1340 Ai-je dû[2] mettre au jour l'opprobre de son lit?
Devais-je, en lui faisant un récit trop sincère,
D'une indigne rougeur* couvrir le front d'un père?
Vous seule avez percé ce mystère odieux.
Mon cœur pour s'épancher n'a que vous et les Dieux.
1345 Je n'ai pu vous cacher, jugez si je vous aime,
Tout ce que je voulais me cacher à moi-même.
Mais songez sous quel sceau[3] je vous l'ai révélé.
Oubliez, s'il se peut, que je vous ai parlé,
Madame; et que jamais une bouche si pure
1350 Ne s'ouvre pour conter cette horrible* aventure.
Sur l'équité des Dieux osons nous confier[4] :
Ils ont trop d'intérêt à me justifier;
Et Phèdre, tôt ou tard de son crime punie,
N'en saurait éviter la juste ignominie.
1355 C'est l'unique respect que j'exige de vous.
Je permets tout le reste à mon libre courroux.
Sortez de l'esclavage où vous êtes réduite;
Osez me suivre, osez accompagner ma fuite;
Arrachez-vous d'un lieu funeste* et profané,
1360 Où la vertu respire un air empoisonné.
Profitez, pour cacher votre prompte retraite[5],
De la confusion que ma disgrâce y jette.
Je vous puis de la fuite assurer les moyens.
Vous n'avez jusqu'ici de gardes que les miens.
1365 De puissants défenseurs prendront notre querelle[6];
Argos nous tend les bras, et Sparte nous appelle :
A nos amis communs portons nos justes cris;

---

1. *Eclaircir* : informer par des explications; 2. *Ai-je dû* : aurais-je dû
(voir vers 742 et la note); 3. Sous le *sceau* du secret; 4. *Se confier sur* : s'en
remettre à; 5. *Retraite* : départ; 6. *Notre querelle* : la défense de notre cause.

<hr>

━━━━━━ QUESTIONS ━━━━━━

● Vers 1329-1339. Ne pouvait-on attendre d'Aricie qu'elle comprenne
les raisons du silence d'Hippolyte? A-t-elle moins de grandeur d'âme
qu'Hippolyte? Par quel trait Racine la rachète-t-il à nos yeux? Quel
nouvel aspect du personnage apparaît ici?

Ne souffrons pas que Phèdre, assemblant nos débris[1],
Du trône paternel nous chasse l'un et l'autre,
1370 Et promette à son fils ma dépouille et la vôtre.
L'occasion est belle, il la faut embrasser.
Quelle peur vous retient? Vous semblez balancer[2]?
Votre seul intérêt m'inspire cette audace.
Quand je suis tout de feu, d'où vous vient cette glace?
1375 Sur les pas d'un banni craignez-vous de marcher?

ARICIE

Hélas! qu'un tel exil, Seigneur, me serait cher!
Dans quels ravissements, à votre sort liée,
Du reste des mortels je vivrais oubliée!
Mais n'étant point unis par un lien si doux[3],
1380 Me puis-je avec honneur dérober[4] avec vous?
Je sais que, sans blesser l'honneur le plus sévère,
Je me puis affranchir des mains de votre père :
Ce n'est point m'arracher du sein de mes parents;
Et la fuite est permise à qui fuit ses tyrans.
1385 Mais vous m'aimez, Seigneur; et ma gloire[5] alarmée...

HIPPOLYTE

Non, non, j'ai trop de soin de votre renommée.
Un plus noble dessein m'amène devant vous :
Fuyez vos ennemis, et suivez votre époux.
Libres dans nos malheurs, puisque le ciel l'ordonne,

---

1. Profitant de notre disgrâce commune ; 2. *Balancer* : hésiter ; 3. Comme nous ne sommes point unis (emploi libre du participe au XVIIᵉ siècle) ; 4. Puis-je m'enfuir ; 5. *Gloire* : voir vers 309 et la note.

─────── QUESTIONS ───────

● VERS 1339-1375. Appréciez les raisons qui ont poussé Hippolyte à se taire devant son père. Quelle est l'importance psychologique et dramatique du vers 1347? — Comment Hippolyte se représente-t-il les dieux (vers 1352)? Montrez le pathétique causé par sa confiance en eux, la valeur prophétique des vers 1353-1354. — Comment Racine a-t-il su rendre la prière pressante du jeune prince (vers 1357-1362)? Expliquez le retour des préoccupations politiques, à partir du vers 1365 ; quelle situation nouvelle les autorise, au point de vue psychologique; au point de vue pratique? — A quel langage appartient le vers 1374? Pourquoi passait-il probablement inaperçu au XVIIᵉ siècle? Et maintenant?

● VERS 1376-1385. Montrez qu'Aricie réagit davantage en princesse du XVIIᵉ siècle qu'en héroïne de la Grèce mythique de *Phèdre*. Sur quel plan se situe son refus de fuir? Pourquoi ne saurait-elle consentir à se laisser enlever? Montrez que le vers 1384 a des résonances cornéliennes.

1390 Le don de notre foi[1] ne dépend de personne.
L'hymen n'est point toujours entouré de flambeaux.
Aux portes de Trézène, et parmi ces tombeaux,
Des princes de ma race antiques sépultures,
Est un temple sacré formidable[2] aux parjures.
1395 C'est là que les mortels n'osent jurer en vain.
Le perfide y reçoit un châtiment soudain ;
Et craignant d'y trouver la mort inévitable,
Le mensonge n'a point de frein plus redoutable.
Là, si vous m'en croyez, d'un amour éternel
1400 Nous irons confirmer le serment solennel ;
Nous prendrons à témoin le Dieu qu'on y révère ;
Nous le prierons tous deux de nous servir de père.
Des Dieux les plus sacrés j'attesterai[3] le nom.
Et la chaste Diane, et l'auguste Junon,
1405 Et tous les Dieux* enfin, témoins de mes tendresses,
Garantiront la foi[4] de mes saintes promesses.

ARICIE

Le Roi vient. Fuyez, Prince, et partez promptement.
Pour cacher mon départ je demeure un moment.
Allez ; et laissez-moi quelque fidèle guide,
1410 Qui conduise vers vous ma démarche timide[5].

---

1. *Foi* : parole, promesse de fidélité dans le mariage ; 2. *Formidable (à)* : objet de crainte (pour) ; 3. *Attester* : prendre à témoin ; 4. *Foi* : sincérité ; 5. *Démarche timide* : marche craintive, pleine de peur.

--- QUESTIONS ---

● VERS 1386-1406. Comment l'annonce de ce mariage secret a-t-elle été préparée jusqu'ici ? Ce mariage au milieu des tombeaux n'a-t-il pas quelque chose de romanesque ? Ne prend-il pas aussi une valeur symbolique ? — Pourquoi Racine a-t-il tenu à faire, par avance, décrire à Hippolyte le lieu de sa mort (vers 1553-1554) ? Pourquoi avoir tant insisté sur le sentiment religieux du jeune prince (vers 1401-1406) ?
● VERS 1407-1410. Appréciez la raison que donne Aricie au vers 1408. Quelle décision a-t-elle prise ?
■ SUR L'ENSEMBLE DE LA SCÈNE PREMIÈRE. — Quel est l'effet de cette accalmie dans ce début de l'acte V ?
— Une fois de plus (voir le début de l'acte IV), au lever du rideau, la scène est déjà commencée ; pourquoi ?
— Les caractères d'Hippolyte et d'Aricie, d'après cette scène.
— Pourquoi Racine a-t-il fait revenir Hippolyte sur scène après la malédiction de son père ? Quelle raison lui a fait une fois de plus différer son départ ?

SCÈNE II. — THÉSÉE, ARICIE, ISMÈNE.

THÉSÉE

Dieux! éclairez mon trouble, et daignez à mes yeux
Montrer la vérité que je cherche en ces lieux.

ARICIE

Songe à tout, chère Ismène, et sois prête à la fuite.

SCÈNE III. — THÉSÉE, ARICIE.

THÉSÉE

Vous changez de couleur et semblez interdite,
1415 Madame. Que faisait Hippolyte en ce lieu?

ARICIE

Seigneur, il me disait un éternel adieu.

THÉSÉE

Vos yeux ont su dompter ce rebelle courage[1],
Et ses premiers soupirs sont votre heureux ouvrage.

ARICIE

Seigneur, je ne vous puis nier la vérité :
1420 De votre injuste haine il n'a pas hérité;
Il ne me traitait point comme une criminelle.

THÉSÉE

J'entends : il vous jurait une amour éternelle[2].
Ne vous assurez point[3] sur ce cœur inconstant;
Car à d'autres que vous il en jurait autant.

---

1. *Courage* : voir vers 123 et la note; 2. *Eternelle* : dans la langue classique, *amour* au singulier était indifféremment du masculin ou du féminin; 3. *S'assurer sur* : se reposer sur l'assurance.

─────── **QUESTIONS** ───────

■ SUR LA SCÈNE II. — Quel changement s'est produit dans les sentiments de Thésée depuis sa sortie (acte IV, scène IV)? Est-ce explicable?
● VERS 1414-1421. Comparez le vers 1414 avec le vers 527 de *Britannicus* : la situation des personnages est-elle comparable? — Sur quel ton Thésée pose-t-il la question du vers 1415? Parle-t-il ici en maître d'une captive ou en homme pris par un doute? — Le laconisme d'Aricie : ses causes (vers 1416). — Décelez l'ironie de Thésée (vers 1417-1418). — Pourquoi Aricie lui répond-elle avec si peu de ménagement (vers 1419-1421)? Doit-on considérer le vers 1421 comme une litote, ou bien Aricie tient-elle à faire la différence entre l'attitude *injuste* de Thésée à son égard et celle d'Hippolyte?

ARICIE

1425 Lui, Seigneur?

THÉSÉE

Vous deviez[1] le rendre moins volage.
Comment souffriez-vous cet horrible* partage?

ARICIE

Et comment souffrez-vous que d'horribles* discours[2]
D'une si belle vie osent noircir le cours?
Avez-vous de son cœur si peu de connaissance?
1430 Discernez-vous si mal le crime et l'innocence?
Faut-il qu'à vos yeux seuls un nuage odieux
Dérobe sa vertu qui brille à tous les yeux?
Ah! c'est trop le livrer à des langues perfides.
Cessez : repentez-vous de vos vœux homicides.
1435 Craignez, Seigneur, craignez que le ciel rigoureux
Ne vous haïsse assez pour exaucer vos vœux.
Souvent dans sa colère il reçoit nos victimes;
Ses présents sont souvent la peine[3] de nos crimes.

THÉSÉE

Non, vous voulez en vain couvrir son attentat :
1440 Votre amour vous aveugle en faveur de l'ingrat.
Mais j'en crois des témoins certains, irréprochables :
J'ai vu, j'ai vu couler des larmes véritables[4].

ARICIE

Prenez garde, Seigneur. Vos invincibles mains
Ont de monstres* sans nombre affranchi les humains;
1445 Mais tout n'est pas détruit, et vous en laissez vivre
Un... Votre fils, Seigneur, me défend de poursuivre.
Instruite du respect qu'il veut vous conserver,

---

1. *Deviez* : auriez dû (voir vers 742 et la note); 2. *Discours* : propos;
3. *Peine* : châtiment; 4. *Véritables* : sincères.

────── **QUESTIONS** ──────

● Vers 1422-1426. Pourquoi Thésée détrompe-t-il Aricie? Montrez
que, sans se l'avouer consciemment, il n'est pas totalement persuadé
de la culpabilité de son fils (voir scène précédente). Peut-il demander
directement à Aricie de l'aider à éclaircir ses doutes? Pourquoi? A-t-il
plus de chances en piquant la jalousie et l'orgueil de la jeune fille?
● Vers 1427-1438. Montrez la dureté de cette réplique. Imaginez son
effet sur Thésée dans l'état d'esprit où il se trouve. Qui dirige l'entretien
en ce moment? Quelle terrible prophétie semble faire Aricie (vers 1434-
1438)? Quel écho peut-elle trouver chez le spectateur? chez Thésée?

Je l'affligerais trop si j'osais achever.
J'imite sa pudeur[1], et fuis votre présence
1450 Pour n'être pas forcée à rompre le silence.

SCÈNE IV. — THÉSÉE, *seul*.

Quelle est donc sa pensée? et que cache un discours
Commencé tant de fois, interrompu toujours?
Veulent-ils m'éblouir[2] par une feinte vaine[3]?
Sont-ils d'accord tous deux pour me mettre à la gêne[4]?
1455 Mais moi-même, malgré ma sévère rigueur,
Quelle plaintive voix crie au fond de mon cœur?
Une pitié secrète et m'afflige et m'étonne[5].
Une seconde fois interrogeons Œnone.
Je veux de tout le crime être mieux éclairci[6].
1460 Gardes, qu'Œnone sorte, et vienne seule ici.

SCÈNE V. — THÉSÉE, PANOPE.

PANOPE

J'ignore le projet que la Reine médite,
Seigneur, mais je crains tout du transport qui l'agite.
Un mortel désespoir sur son visage est peint;

---

1. *Pudeur* : retenue, discrétion ; **2.** *Eblouir* : duper ; **3.** *Vaine* : qui ne repose sur rien de vrai ; **4.** *Gêne* : torture ; **5.** *Etonner* : saisir violemment et abattre ; **6.** *Eclaircir* : voir vers 1339 et la note.

──────── ■ QUESTIONS ────────

● VERS 1439-1450. Que traduit le refus de Thésée? De quelles larmes s'agit-il (vers 1442)? — Quel est l'état d'esprit d'Aricie dans sa dernière réplique? Montrez que l'enjambement du vers 1445-1446 traduit son indignation en même temps qu'il souligne l'interruption, volontairement brutale, de la révélation attendue.

■ SUR L'ENSEMBLE DE LA SCÈNE III. — Comparez Aricie, telle qu'elle se révèle ici, à Junie face à Néron. Cherchez dans ses paroles jusqu'à cette scène des indices de son énergie et de sa grandeur.

— Thésée mérite-t-il toujours autant notre pitié ou notre sympathie? Comment s'expliquent son ironie méchante, son obstination et son aveuglement?

— Intérêt dramatique de cette scène.

■ SUR LA SCÈNE IV. — Thésée est-il toujours obstinément persuadé d'avoir bien agi? Doit-on considérer les interrogations qui jalonnent ce monologue comme de véritables questions, ou bien sont-elles plutôt des réponses que Thésée n'accepte pas encore complètement?

— Que pense le spectateur de son revirement tardif (vers 1458)?

La pâleur de la mort est déjà sur son teint.
1465 Déjà, de sa présence avec honte chassée,
Dans la profonde mer Œnone s'est lancée.
On ne sait point d'où part ce dessein furieux*;
Et les flots pour jamais l'ont ravie à nos yeux.

THÉSÉE

Qu'entends-je?

PANOPE

       Son trépas n'a point calmé la Reine :
1470 Le trouble semble croître en son âme incertaine.
Quelquefois, pour flatter[1] ses secrètes douleurs,
Elle prend ses enfants et les baigne de pleurs;
Et soudain, renonçant à l'amour maternelle[2],
Sa main avec horreur* les repousse loin d'elle.
1475 Elle porte au hasard ses pas irrésolus;
Son œil tout égaré ne nous reconnaît plus.
Elle a trois fois écrit; et changeant de pensée,
Trois fois elle a rompu sa lettre commencée.
Daignez la voir, Seigneur, daignez la secourir.

THÉSÉE

1480 O ciel! Œnone est morte, et Phèdre veut mourir?
Qu'on rappelle mon fils, qu'il vienne se défendre!
Qu'il vienne me parler, je suis prêt de l'entendre.
Ne précipite point tes funestes* bienfaits,
Neptune; j'aime mieux n'être exaucé jamais.
1485 J'ai peut-être trop cru des témoins peu fidèles[3],
Et j'ai trop tôt vers toi levé mes mains cruelles.
Ah! de quel désespoir mes vœux seraient suivis!

---

1. *Flatter* : adoucir, apaiser; 2. Voir vers 1422 et la note; 3. *Fidèles* : sûrs.

■ QUESTIONS ■

● Vers 1461-1479. Quel effet produit sur le spectateur l'annonce de la mort d'Œnone? Montrez que les nouvelles de la Reine qui l'accompagnent accentuent cette impression. — Comparez l'attitude de Phèdre décrite ici et telle qu'elle nous était présentée au premier acte.

● Vers 1480-1487. Quel choc produit sur Thésée la nouvelle de la mort d'Œnone? N'y a-t-il pas dans cette scène comme un prélude au dénouement?

■ Sur l'ensemble de la scène V. — Montrez que le dénouement vient de commencer : l'accélération forcenée du mouvement.

   — Thésée grand héros tragique.

   — Le pathétique dans cette scène : montrez qu'il concerne tous les personnages du drame.

JEAN VILAR (Théramène) et GEORGES WILSON (Thésée).
Théâtre national populaire.

MARIA CASARÈS DANS LE RÔLE DE PHÈDRE
Théâtre national populaire.

Scène VI. — THÉSÉE, THÉRAMÈNE.

THÉSÉE

Théramène, est-ce toi? Qu'as-tu fait de mon fils?
Je te l'ai confié dès l'âge le plus tendre.
1490 Mais d'où naissent les pleurs que je te vois répandre?
Que fait mon fils?

THÉRAMÈNE

O soins tardifs et superflus!
Inutile tendresse! Hippolyte n'est plus.

THÉSÉE

Dieux!

THÉRAMÈNE

J'ai vu des mortels périr le plus aimable,
Et j'ose dire encor, Seigneur, le moins coupable.

THÉSÉE

1495 Mon fils n'est plus? Hé quoi? quand je lui tends les bras,
Les Dieux impatients ont hâté son trépas?
Quel coup me l'a ravi? quelle foudre soudaine?

THÉRAMÈNE

A peine nous sortions des portes de Trézène,
Il était sur son char; ses gardes affligés
1500 Imitaient son silence, autour de lui rangés.
Il suivait tout pensif le chemin de Mycènes;
Sa main sur ses chevaux laissait flotter les rênes.
Ses superbes* coursiers, qu'on voyait autrefois
Pleins d'une ardeur si noble obéir à sa voix,
1505 L'œil morne maintenant et la tête baissée
Semblaient se conformer à sa triste pensée.
Un effroyable cri, sorti du fond des flots,
Des airs en ce moment a troublé le repos;
Et du sein de la terre une voix formidable[1]

---

1. *Formidable* : terrifiant.

———— QUESTIONS ————

● Vers 1488-1497. Quel funeste pressentiment s'empare de Thésée en voyant Théramène? Soulignez l'affolement du roi. Quels sentiments manifeste Théramène en ce début de scène? Montrez que la majesté de la mort, dont est paré le gouverneur, éclipse celle du rang, dont Thésée est le dépositaire.

1510 Répond en gémissant à ce cri redoutable.
     Jusqu'au fond de nos cœurs notre sang s'est glacé.
     Des coursiers attentifs le crin s'est hérissé.
     Cependant sur le dos de la plaine liquide
     S'élève à gros bouillons une montagne humide.
1515 L'onde approche, se brise, et vomit à nos yeux,
     Parmi des flots d'écume, un monstre* furieux.
     Son front large est armé de cornes menaçantes;
     Tout son corps est couvert d'écailles jaunissantes;
     Indomptable taureau, dragon impétueux,
1520 Sa croupe se recourbe en replis tortueux.
     Ses longs mugissements font trembler le rivage.
     Le ciel avec horreur* voit ce monstre* sauvage;
     La terre s'en émeut, l'air en est infecté;
     Le flot, qui l'apporta, recule épouvanté[1].
1525 Tout fuit; et sans s'armer d'un courage inutile,
     Dans le temple voisin chacun cherche un asile.
     Hippolyte lui seul, digne fils d'un héros,
     Arrête ses coursiers, saisit ses javelots,
     Pousse[2] au monstre*, et d'un dard lancé d'une main sûre,
1530 Il lui fait dans le flanc une large blessure.
     De rage et de douleur le monstre* bondissant
     Vient aux pieds des chevaux tomber en mugissant,
     Se roule, et leur présente une gueule enflammée,
     Qui les couvre de feu, de sang* et de fumée.
1535 La frayeur les emporte; et sourds à cette fois,
     Ils ne connaissent plus ni le frein ni la voix.
     En efforts impuissants leur maître se consume.
     Ils rougissent le mors d'une sanglante* écume.
     On dit qu'on a vu même, en ce désordre affreux,
1540 Un Dieu qui d'aiguillons pressait leur flanc poudreux.
     A travers les rochers la peur les précipite;
     L'essieu crie et se rompt. L'intrépide Hippolyte
     Voit voler en éclats tout son char fracassé;
     Dans les rênes lui-même il tombe embarrassé.
1545 Excusez ma douleur. Cette image cruelle
     Sera pour moi de pleurs une source éternelle.
     J'ai vu, Seigneur, j'ai vu votre malheureux fils
     Traîné par les chevaux que sa main a nourris.

---

1. *Epouvanté*. Comparer à Virgile : *Refluitque exterritus amnis* (« Et le fleuve épouvanté recule ») [*Enéide*, VIII, 240]; 2. *Pousser* : s'élancer contre.

Il veut les rappeler, et sa voix les effraie.
1550 Ils courent. Tout son corps n'est bientôt qu'une plaie.
De nos cris douloureux la plaine retentit.
Leur fougue impétueuse enfin se ralentit :
Ils s'arrêtent, non loin de ces tombeaux antiques
Où des rois ses aïeux sont les froides reliques[1].
1555 J'y cours en soupirant, et sa garde me suit.
De son généreux sang* la trace nous conduit :
Les rochers en sont teints ; les ronces dégouttantes
Portent de ses cheveux les dépouilles sanglantes*.
J'arrive, je l'appelle ; et me tendant la main,
1560 Il ouvre un œil mourant, qu'il referme soudain.
« Le ciel, dit-il, m'arrache une innocente vie.
Prends soin après ma mort de la triste Aricie.
Cher ami, si mon père un jour désabusé[2]
Plaint le malheur d'un fils faussement accusé,
1565 Pour apaiser mon sang* et mon ombre plaintive,
Dis-lui qu'avec douceur il traite sa captive ;
Qu'il lui rende... » A ce mot ce héros expiré[3]
N'a laissé dans mes bras qu'un corps défiguré,
Triste objet, où des Dieux triomphe la colère,
1570 Et que méconnaîtrait[4] l'œil même de son père.

THÉSÉE

O mon fils ! cher espoir que je me suis ravi !

1. *Reliques* : restes ; 2. *Désabusé* : détrompé ; 3. Tournure classique : la mort de ce héros ; 4. *Méconnaître* : ne pas reconnaître.

———— QUESTIONS ————

● VERS 1498-1570. Composition de ce récit. — Cherchez, dans les vers 1498 à 1506, tous les termes qui expriment la sombre tristesse de ce départ en exil. — L'apparition du monstre : comment l'impression de surprise et d'horreur est-elle rendue (vers 1515-1520)? Montrez la force pittoresque du vers 1520. Comment Théramène traduit-il et justifie-t-il la terreur de tous devant le monstre (vers 1523-1526)? Quelle valeur sacrée prend le temple (vers 1526), où tous se réfugient? — L'accident : montrez l'intervention du dieu (indirecte, vers 1535-1536, puis directe, vers 1540). La précision des détails concrets. — Valeur dramatique et psychologique de l'interruption (vers 1545-1546). Ne doit-on pas voir l'effet de la volonté divine dans les vers 1553-1554? — Le réalisme poétique des vers 1555-1560. — Le testament d'Hippolyte (vers 1561-1567) : de quel effet pathétique le poète use-t-il ici? Le contraste entre l'horreur de la mort d'Hippolyte et la noble sérénité de ses dernières paroles. Sur quoi garde-t-il le silence? Pourquoi? — Comparez ce passage aux textes d'Euripide et de Sénèque cités dans la Documentation thématique.

Inexorables Dieux, qui m'avez trop servi!
A quels mortels regrets ma vie est réservée!

THÉRAMÈNE

La timide Aricie est alors arrivée.
1575 Elle venait, Seigneur, fuyant votre courroux,
A la face des Dieux l'accepter pour époux.
Elle approche : elle voit l'herbe rouge* et fumante;
Elle voit (quel objet pour les yeux d'une amante!)
Hippolyte étendu, sans forme et sans couleur.
1580 Elle veut quelque temps douter de son malheur;
Et ne connaissant¹ plus ce héros qu'elle adore,
Elle voit Hippolyte, et le demande encore.
Mais trop sûre à la fin qu'il est devant ses yeux,
Par un triste regard elle accuse les Dieux;
1585 Et froide, gémissante, et presque inanimée,
Aux pieds de son amant elle tombe pâmée.
Ismène est auprès d'elle; Ismène, toute en pleurs,
La rappelle à la vie, ou plutôt aux douleurs.
Et moi, je suis venu, détestant la lumière²,
1590 Vous dire d'un héros la volonté dernière,
Et m'acquitter, Seigneur, du malheureux emploi³
Dont son cœur expirant s'est reposé sur moi.
Mais j'aperçois venir sa mortelle ennemie.

---

1. *Connaissant* : reconnaissant; 2. Maudissant la vie (voir vers 229 et la note); 3. *Emploi* : charge.

————— QUESTIONS —————

● Vers 1571-1593. Le désespoir de Thésée (vers 1571-1573) : comment s'exprime en trois vers la brusque découverte de la tragédie qu'il a vécue et dont il voit toutes les conséquences? Comparez le second récit de Théramène au premier : pourquoi l'avoir ajouté? Est-il de la même venue que le précédent? Soulignez la simplicité pathétique de ce passage. En quoi, à partir du vers 1589, ce récit se termine-t-il en oraison funèbre? Quel effet produit, après le récit de la mort d'Hippolyte, l'annonce de l'arrivée de Phèdre?

■ Sur l'ensemble de la scène VI. — Le récit de Théramène est-il naturel ou bien n'est-il qu'un morceau de bravoure particulièrement soigné par Racine? Montrez que c'est aussi l'oraison funèbre d'Hippolyte, que son père doit écouter dans un silence recueilli.
— L'inspiration épique dans ce récit. Étudiez la succession des tableaux, la progression dans l'horreur et la pitié.

Scène VII. — THÉSÉE, PHÈDRE, THÉRAMÈNE, PANOPE, gardes.

THÉSÉE

Hé bien! vous triomphez, et mon fils est sans vie.
1595 Ah! que j'ai lieu de craindre! et qu'un cruel soupçon,
L'excusant dans mon cœur, m'alarme avec raison!
Mais, Madame, il est mort, prenez votre victime :
Jouissez de sa perte, injuste ou légitime.
Je consens que mes yeux soient toujours abusés[1]
1600 Je le crois criminel, puisque vous l'accusez.
Son trépas à mes pleurs offre assez de matières,
Sans que j'aille chercher d'odieuses lumières[2],
Qui ne pouvant le rendre à ma juste douleur,
Peut-être ne feraient qu'accroître mon malheur.
1605 Laissez-moi, loin de vous et loin de ce rivage,
De mon fils déchiré fuir la sanglante *image.
Confus[3], persécuté d'[4]un mortel souvenir,
De l'univers entier je voudrais me bannir.
Tout semble s'élever contre mon injustice.
1610 L'éclat de mon nom même augmente mon supplice.
Moins connu des mortels, je me cacherais mieux.
Je hais jusques aux soins dont m'honorent les Dieux;
Et je m'en vais pleurer leurs faveurs meurtrières,
Sans plus les fatiguer d'inutiles prières.
1615 Quoi qu'il fissent pour moi, leur funeste* bonté
Ne me saurait payer de ce qu'ils m'ont ôté.

PHÈDRE

Non, Thésée, il faut rompre un injuste silence :
Il faut à votre fils rendre son innocence.
Il n'était point coupable.

---

1. *Abusés* : dans l'erreur ; 2. *Lumières* : éclaircissements ; 3. *Confus* : bouleversé ; 4. *Persécuté de* : poursuivi par.

● **QUESTIONS** ●

● Vers 1594-1616. Composition de cette tirade. L'amertume des cinq
premiers vers. Montrez l'atrocité des vers 1597-1598 pour Phèdre. Quels
sentiments éprouve Thésée pour elle? Comment lui laisse-t-il l'initiative
et le mérite de l'aveu? Que représente, pour Thésée, cet aveuglement
volontaire? — A quoi se marque (à partir du vers 1605) le vieillissement
subit de Thésée? Comment s'expriment ses regrets et ses remords?
Comparez Thésée, aux vers 1607-1610, à Phèdre, dans la dernière scène
de l'acte IV (vers 1273-1277). Quelle est l'attitude de Thésée vis-à-vis
des dieux : révolte ou écrasement? Pourquoi?

THÉSÉE

Ah! père infortuné!
1620 Et c'est sur votre foi[1] que je l'ai condamné!
Cruelle, pensez-vous être assez excusée...

PHÈDRE

Les moments me sont chers[2], écoutez-moi, Thésée.
C'est moi qui sur ce fils chaste et respectueux
Osai jeter un œil profane[3], incestueux.
1625 Le ciel mit dans mon sein une flamme funeste*;
La détestable Œnone a conduit tout le reste.
Elle a craint qu'Hippolyte, instruit de ma fureur*,
Ne découvrît[4] un feu qui lui faisait horreur*.
La perfide, abusant de ma faiblesse extrême,
1630 S'est hâtée à vos yeux de l'accuser lui-même.
Elle s'en est punie, et, fuyant mon courroux,
A cherché dans les flots un supplice trop doux.
Le fer aurait déjà tranché ma destinée;
Mais je laissais gémir la vertu soupçonnée.
1635 J'ai voulu, devant vous exposant[5] mes remords,
Par un chemin* plus lent descendre chez les morts.
J'ai pris, j'ai fait couler dans mes brûlantes veines
Un poison que Médée[6] apporta dans Athènes.
Déjà jusqu'à mon cœur le venin parvenu
1640 Dans ce cœur expirant jette un froid inconnu;
Déjà je ne vois plus qu'à travers un nuage
Et le ciel et l'époux que ma présence outrage;

---

1. *Foi* : parole, assurance; 2. *Chers* : précieux; 3. *Profane* : impur;
4. *Découvrir* : révéler; 5. *Exposer* : dévoiler; 6. *Médée* : illustre magicienne
(voir Index mythologique, page 28).

——— ● QUESTIONS ———————————

● Vers 1617-1621. Montrez comment la sobriété des vers 1617-1619
les rend plus terribles à entendre pour Thésée. Comment reçoit-il ce
nouveau coup du sort?
● Vers 1622-1644. La confession de Phèdre : ses différents moments;
ses motifs. Comment réhabilite-t-elle Hippolyte? S'accuse-t-elle? De
quoi? A qui revient, selon elle, la responsabilité? Est-ce totalement
exact? — Quel effet Phèdre a-t-elle aimé dans une mort par le poison
(vers 1635-1638)? Quel est l'intérêt de préciser ici le nom de *Médée*
(vers 1638)? Valeur poétique du vers 1644. — Pourquoi Racine fait-il
terminer le rôle de son héroïne sur le mot *pureté*? Rapprochez les derniers mots de Phèdre de ses premières paroles (notamment vers 155
et 169-173).

Et la mort, à mes yeux dérobant la clarté,
Rend au jour, qu'ils souillaient, toute sa pureté.

PANOPE

1645 Elle expire, Seigneur!

THÉSÉE

D'une action si noire
Que ne peut avec elle expirer la mémoire!
Allons, de mon erreur, hélas! trop éclaircis[1],
Mêler nos pleurs au sang* de mon malheureux fils.
Allons de ce cher fils embrasser ce qui reste,
1650 Expier la fureur* d'un vœu que je déteste[2].
Rendons-lui les honneurs qu'il a trop mérités;
Et pour mieux apaiser ses mânes irrités,
Que, malgré les complots d'une injuste famille[3],
Son amante aujourd'hui me tienne lieu de fille.

---

1. *Eclaircir :* voir vers 1339 et la note; **2.** *Détester :* voir vers 1589 et la note; **3.** *Famille :* les Pallantides (voir Index mythologique, page 29).

──────── **QUESTIONS** ────────

● VERS 1645-1654. Pourquoi, contre les règles du théâtre classique, Phèdre meurt-elle en scène? Sa mort ne ressemble-t-elle pas à celle de certains personnages dans les drames romantiques? Quel intérêt présentent, pour le spectateur, les derniers mots de Thésée?

■ SUR L'ENSEMBLE DE LA SCÈNE VII. — Sait-on ce qu'est devenu chaque personnage? Le dénouement est-il complet; satisfaisant pour la vraisemblance et les bienséances?

— Soulignez que l'atmosphère finale fait renaître l'apaisement; la tragédie terminée, la résignation s'installe.

■ SUR L'ENSEMBLE DE L'ACTE V. — Montrez que l'action a progressé jusqu'à la dernière scène. Comment l'intérêt se soutient-il jusqu'à la fin de la pièce? En quoi l'acte V n'apporte-t-il pourtant aucun élément nouveau par rapport au précédent? Comparez en cela *Phèdre* à d'autres tragédies de Racine.

— Les personnages démentent-ils leur caractère au dénouement? Quelle évolution sent-on chez Thésée, et qu'est-ce qui la justifie?

— Dégagez l'atmosphère de ce dernier acte et la réapparition, la transformation parfois, des thèmes apparus antérieurement (celui de la mort, de la lumière, de la culpabilité, du monstre).

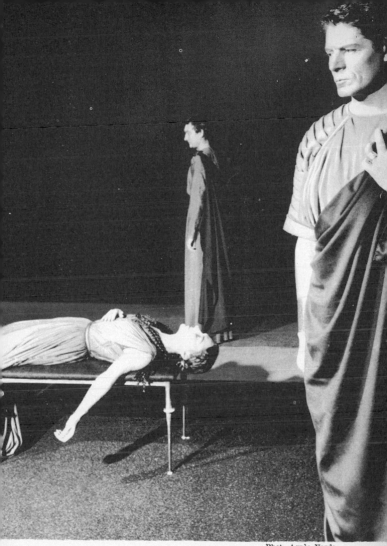

Phot. Agnès Varda.

« ...D'une action si noire
Que ne peut avec elle expirer la mémoire ! »
(Vers 1645-1646.)

PHÈDRE AU THÉÂTRE NATIONAL POPULAIRE (1957)

Phèdre (Maria Casarès), Thésée (Alain Cuny), Théramène (Jean Vilar).

DOCUMENTATION THÉMATIQUE

réunie par la Rédaction des Nouveaux Classiques Larousse.

1. La cabale de *Phèdre* :
   - **1.1.** La pièce rivale de Pradon ;
   - **1.2.** L'affaire des sonnets ;
   - **1.3.** La cabale vue par le fils de Racine.

2. L'*Hippolyte* de Robert Garnier :
   - **2.1.** Le songe d'Hippolyte ;
   - **2.2.** La déclaration de Phèdre.

3. Les sources antiques :
   - **3.1.** Euripide ;
   - **3.2.** Sénèque ;
   - **3.3.** Racine et ses sources antiques.

1. LA CABALE DE *PHÈDRE*

1.1. LA PIÈCE RIVALE DE PRADON

La *Phèdre* de Racine fut représentée pour la première fois le 1er janvier 1677. Une semaine plus tard, une troupe rivale montait une autre *Phèdre* due à la plume de Pradon, auteur dramatique en vogue depuis le succès de sa *Pyrame et Thisbé* en 1674. Il convient de voir que dans cette cabale montée contre Racine nous trouvons à la fois des ennemis jurés de Racine, mais également (et cela est plus compréhensible) des auteurs dramatiques jaloux du succès de l'auteur d'*Andromaque*.

Parmi les ennemis de Racine, il faut ranger les amis de Corneille : Mme Deshoulières, Donneau de Visé (l'auteur de la *Lettre sur la comédie du « Misanthrope »*) et Thomas Corneille. À cette première brigade s'ajoute celle que forment les ennemis de Mme de Montespan, la protectrice du poète : la comtesse de Soissons, le duc de Nevers et la duchesse de Bouillon, dans le salon de laquelle fut ourdie la cabale. Quant aux auteurs jaloux, leurs noms sont peu connus de la postérité : Desmarets de Saint-Sorlin, Le Clerc, Pradon enfin, le plus résolument opposé à Racine, qu'il accusait d'avoir contribué, en publiant son *Bajazet*, à l'échec de sa seconde pièce *Tamerlan ou la Mort de Bajazet*. Aussi n'eut-on guère de mal à l'engager parmi les membres du complot. On lira ci-dessous quelques extraits des gazettes relatant l'opposition des deux tragédies : les trois textes sont produits par des ennemis de Racine. On remarquera cependant que Donneau de Visé se garde bien de prendre parti dans la querelle. Il reconnaît même à Racine le mérite d'avoir fait de Phèdre la femme de Thésée, à la différence de Pradon qui présentait une Phèdre simplement fiancée avec Thésée.

> Le vendredi premier jour de l'an, les comédiens de l'Hôtel de Bourgogne donnèrent la première représentation de la *Phèdre* de M. Racine ; et le dimanche suivant, ceux de la Troupe du Roi lui opposèrent la *Phèdre* de M. Pradon... Elles ont fait ici beaucoup de bruit, et j'ai peine à concevoir d'où vient qu'on s'est avisé d'en vouloir juger par comparaison de l'un à l'autre, puisqu'elles n'ont rien de commun que le nom des personnages qu'on y fait entrer ; car je tiens qu'il y a une fort grande différence à faire, de Phèdre amoureuse du fils de son mari, et de Phèdre qui aime seulement le fils de celui qu'elle n'a pas encore épousé. Il est si naturel de préférer un jeune prince à un roi qui en est le père, que pour peindre la passion de l'une, on n'a besoin que de suivre le train ordinaire des choses ; c'est un tableau dont les couleurs sont faciles à trouver, et on n'est point embarrassé sur le choix des ombres

qui le doivent adoucir : mais quand il faut représenter une femme qui, n'envisageant son amour qu'avec horreur, oppose sans cesse le nom de belle-mère à celui d'amante, qui déteste sa passion, et ne laisse pas de s'y abandonner par la force de sa destinée, qui voudrait se cacher à elle-même ce qu'elle sent, et ne souffre qu'on lui arrache le secret que dans le temps où elle se voit prête d'expier ; c'est ce qui demande l'adresse d'un grand maître ; et ces choses sont tellement essentielles au sujet d'*Hippolyte,* que c'est ne l'avoir pas traité, que d'avoir éloigné l'image de l'amour incestueux qu'il fallait nécessairement faire paraître...

(De Visé, *le Mercure galant,* mars 1677.)

M. Racine est toujours M. Racine, et ses vers sont trop beaux pour ne pas donner à la lecture le même plaisir qu'ils donnent à les entendre réciter au théâtre. Pour Pradon, il avoue qu'ayant été obligé de faire sa pièce en trois mois, il n'a pas eu le temps d'en polir les vers avec tout le soin qu'il y aurait apporté sans cela. C'est une négligence forcée qu'apparemment il n'aura pas eue dans le premier ouvrage qu'il fera paraître ; mais il n'est pas assuré que cet ouvrage, quelque achevé qu'il nous le donne, ait un succès aussi avantageux que l'a eu son *Hippolyte.* Il y a des occurrences qui, selon qu'elles sont plus ou moins favorables, augmentent ou diminuent le prix des choses ; et je tiens que le secret de faire réussir celle de cette nature, c'est d'en faire parler beaucoup, quand même on n'en ferait dire que du mal.

(De Visé, *le Mercure galant.*)

De Paris, le 8 janvier. [...] L'on représenta la semaine dernière sur le théâtre de l'Hôtel de Bourgogne une tragédie de l'illustre M. de Racine, intitulée *Phèdre et Hippolyte.* Le même sujet a été traité par M. Pradon, et représenté sur le théâtre des comédiens de la rue Guénégaud. On a trouvé la première dans le goût des Anciens, mais la dernière a plus donné dans celui du public, ce qui ne nuira pas aux comédiens qui désespéraient de pouvoir jouer cette pièce, parce que deux de leurs meilleures actrices en avaient refusé le premier rôle, par intrigue ou par caprice ; mais, heureusement pour l'auteur, ce rôle est tombé à une comédienne qui non seulement s'est surpassée elle-même, mais qui a surpassé toutes les autres, dont le public a été très satisfait.

(*Gazette d'Amsterdam,* 14 janvier 1677.)

Pradon lui-même s'émut du bruit que faisait dans la ville la rivalité des deux tragédies : il publia une préface lors de la sortie de sa pièce en librairie. Mais déjà les spectateurs abandonnaient le théâtre Guénégaud où se jouait sa *Phèdre* tandis que la pièce de Racine poursuivait sa carrière. Trois ans plus tard, lorsque les deux troupes rivales décidèrent de s'unir pour former la Comédie-Française, elles mirent à leur programme une *Phèdre* : celle de Racine.

> Voici une troisième pièce de théâtre de ma composition : elle a causé bien de la rumeur au Parnasse, mais je n'ai pas lieu de me plaindre de son succès ; il a passé de si loin mon attente, que je me sens obligé d'en remercier le public, et mes ennemis mêmes, de tout ce qu'ils ont fait contre moi. À l'arrivée d'un second *Hippolyte* à Paris, toute la république des Lettres fut émue ; quelques poètes traitèrent cette entreprise de témérité inouïe et de crime de lèse-majesté poétique ; surtout la Cabale en pâlit et vit en frémissant
>
> > Un second Hippolyte à sa barbe naissant.
>
> Mais les honnêtes gens applaudirent fort à ce dessein ; ils dirent hautement qu'Euripide, qui est l'original de cet ouvrage, n'aurait jamais fait le procès à Sénèque, pour avoir traité son sujet, ni Sénèque à Garnier, ni Garnier à Gilbert. Ainsi j'avoue franchement, que ce n'a point été un effet du hasard qui m'a fait rencontrer avec M. Racine, mais un pur effet de mon choix... En vérité, n'en déplaise à ces grands hommes, [...] qui se sont érigés en Régents du Parnasse, ou plutôt en tyrans, [...] ils me permettront de leur dire en passant que leurs procédés et leurs manières sont fort éloignés de ce Sublime qu'ils tâchent d'attraper dans leurs ouvrages. Pour moi j'ai toujours cru qu'on devait avoir ce caractère dans ses mœurs, avant que de le faire paraître dans ses écrits, et que l'on devrait être bien moins avide de la qualité de bon auteur, que celle d'honnête homme, que l'on me verra toujours préférer à tout le Sublime de Longin.
>
> (Pradon, préface de *Phèdre et Hippolyte*.)

Racine ne prit pas la peine de répondre lui-même aux attaques dont il était l'objet. Il n'en avait d'ailleurs pas besoin, ses amis s'en chargeant. Parmi ceux-ci, Boileau attaqua avec violence la cabale dans sa septième *Épître* :

> [...] et lors qu'une Cabale,
> Un flot de vains Auteurs follement te ravale,
> Profite de leur haine et de leur mauvais sens :
> Ris du bruit passager de leurs cris impuissants.
> Que peut contre tes vers une ignorance vaine ?
> Le Parnasse français anobli par ta veine
> Contre tous ces complots saura te maintenir,
> Et soulever pour toi l'équitable Avenir.
> Et qui voyant un jour la douleur vertueuse
> De Phèdre malgré soi perfide, incestueuse,

D'un si noble travail justement étonné,
Ne bénira d'abord le siècle fortuné,
Qui rendu plus fameux par tes illustres veilles,
Vit naître sous ta main ces pompeuses merveilles.

1.2. L'AFFAIRE DES SONNETS

Pendant ce temps, la querelle quittait le théâtre pour se porter dans la ville. Dès le 2 janvier, Mme Deshoulières fit circuler un sonnet de sa composition dans lequel elle déchirait Racine à pleines dents.

Dans un fauteuil doré, Phèdre tremblante et blême
Dit des vers où d'abord personne n'entend rien.
Sa nourrice lui fait un sermon fort chrétien
Contre l'affreux dessein d'attenter sur soi-même.

Hippolyte la hait presque autant qu'elle l'aime :
Rien ne change son cœur, ni son chaste maintien.
La nourrice l'accuse ; elle s'en punit bien.
Thésée a pour son fils une rigueur extrême.

Une grosse Aricie, au teint rouge, aux crins blonds,
N'est là que pour montrer deux énormes tétons,
Que, malgré sa froideur, Hippolyte idolâtre.

Il meurt enfin, traîné par des coursiers ingrats ;
Et Phèdre, après avoir pris de la mort-aux-rats,
Vient, en se confessant, mourir sur le théâtre.

Le ton était donné : la querelle des sonnets commencée. Croyant ce sonnet de la plume du duc de Nevers (celui-ci se piquait, en effet, d'avoir quelque talent poétique), les amis de Racine publièrent à leur tour un sonnet dans lequel ils attaquaient, sous le pseudonyme de Damon, le duc en personne. Attribués à Racine et à Boileau, ils sont en réalité l'œuvre de quelques beaux esprits libertins amis des deux écrivains. La particularité de ces quatorze vers est d'être bâtis sur les mêmes rimes que le sonnet auquel ils font réponse :

Dans un palais doré, Damon, jaloux et blême
Fait des vers où jamais personne n'entend rien.
Il n'est ni courtisan, ni guerrier, ni chrétien ;
Et souvent pour rimer, il s'enferme lui-même.

La Muse, par malheur, le hait autant qu'il l'aime.
Il a d'un franc poète et l'air et le maintien.
Il veut juger de tout et n'en juge pas bien.
Il a pour le Phébus une tendresse extrême.

Une sœur vagabonde, aux crins plus noirs que blonds,
Va par tout l'univers promener deux tétons,
Dont, malgré son pays, Damon est idolâtre.

Il se tue à rimer pour des lecteurs ingrats.
L'Énéide, à son goût, est de la mort-aux-rats.
Et, selon lui, Pradon est le roi du théâtre.

Malmené jusque dans sa vie privée, le duc de Nevers répliqua par un nouveau sonnet, toujours sur les mêmes rimes : il promettait la bastonnade ! Mais il se garda de mettre ses projets à exécution, car Racine et Boileau venaient d'être nommés par le roi ses historiographes...

Racine et Despréaux, l'air triste et le teint blême,
Viennent demander grâce, et ne confessent rien.
Il faut leur pardonner, parce qu'on est chrétien,
Mais on sait ce qu'on doit au Public, à soi-même.

Damon, pour l'intérêt de cette sœur qu'il aime,
Doit de ces scélérats châtier le maintien :
Car il serait blâmé par tous les gens de bien,
S'il ne punissait pas leur insolence extrême.

Ce fut une Furie, aux crins plus noirs que blonds,
Qui leur pressa du pus de ses affreux tétons
Ce sonnet qu'en secret leur cabale idolâtre.

Vous en serez punis, satiriques ingrats,
Non pas, en trahison, d'un sou de mort-aux-rats,
Mais de coups de bâton donnés en plein théâtre.

1.3. LA CABALE VUE PAR LE FILS DE RACINE

Bien des années après la mort de son père, Louis Racine entreprit de faire sa biographie « officielle ». Nombre de pages sont fortement sujettes à caution ; elles contribuent à créer une légende auréolée du poète et déforment très souvent la vérité. Voici comment l'auteur rapporte l'histoire de la cabale de *Phèdre* dans ses *Mémoires* :

Un rival aussi peu à craindre que Le Clerc se rendit bien plus redoutable que lui, quand la *Phèdre* parut en 1677. Il en suspendit quelque temps le succès par la tragédie qu'il avait composée sur le même sujet, et qui fut représentée en même temps. La curiosité de chercher la cause de la première fortune de la *Phèdre* de Pradon est le seul motif qui la puisse faire lire aujourd'hui. La véritable raison de cette fortune fut le crédit d'une puissante cabale, dont les chefs s'assemblaient à l'hôtel de Bouillon. Ils s'avisèrent d'une nouvelle ruse qui leur coûta, disait Boileau, quinze mille livres : ils retinrent les premières loges pour les six premières représentations de l'une et de l'autre pièce, et par conséquent ces loges étaient vides ou remplies quand ils voulaient.
Les six premières représentations furent si favorables à la *Phèdre* de Pradon, et si contraires à celle de mon père, qu'il

était près de craindre pour elle une véritable chute, dont les bons ouvrages sont quelquefois menacés, quoiqu'ils ne tombent jamais.

La bonne tragédie rappela enfin les spectateurs, et l'on méprisa le sonnet qui avait ébloui d'abord :

Dans un fauteuil doré Phèdre mourante et blême, etc.

Ce sonnet avait été fait par Mme Deshoulières, qui protégeait Pradon, non par admiration pour lui, mais parce qu'elle était amie de tous les poètes qu'elle ne regardait pas comme capables de lui disputer le grand talent qu'elle croyait avoir pour la poésie. On ne s'avisa pas de soupçonner Mme Deshoulières du sonnet : on se persuada fort mal à propos que l'auteur était M. le duc de Nevers, parce qu'il faisait des vers, et qu'il était du parti de l'hôtel de Bouillon. On répondit à ce sonnet par une parodie sur les mêmes rimes ; et on ne respecta dans cette parodie ni le duc de Nevers, ni sa sœur la duchesse de Mazarin, retirée en Angleterre. Quand les auteurs de la parodie n'eussent fait que plaisanter M. le duc de Nevers sur sa passion pour rimer, ils avaient tort, puisqu'ils attaquaient un homme qui n'avait cherché querelle à personne ; mais dans leurs plaisanteries ils passaient les bornes d'une querelle littéraire, en quoi ils n'étaient pas excusables. Je ne rapporte ni leur parodie, ni le sonnet : on trouve ces pièces dans les longs commentateurs de Boileau, et dans plusieurs recueils. On ne douta point d'abord que cette parodie ne fût l'ouvrage du poète offensé, et que son ami Boileau n'y eût part. Le soupçon était naturel. Le duc irrité annonça une vengeance éclatante. Ils désavouèrent la parodie, dont en effet ils n'étaient point les auteurs ; et M. le duc Henri-Jules les prit tous deux sous sa protection, en leur offrant l'hôtel de Condé pour retraite. « Si vous êtes innocents, leur dit-il, venez-y ; et si vous êtes coupables, venez-y encore. » La querelle fut apaisée quand on sut que quelques jeunes seigneurs très distingués avaient fait dans un repas la parodie du sonnet.

La *Phèdre* resta victorieuse de tant d'ennemis ; et Boileau, pour relever le courage de son ami, lui adressa sa septième épître, sur l'utilité qu'on retire de la jalousie des envieux. L'auteur de *Phèdre* était flatté du succès de sa tragédie, moins pour lui que pour l'intérêt du théâtre. Il se félicitait d'y avoir fait goûter une pièce où la vertu avait été mise dans tout son jour, où la seule pensée du crime était regardée avec autant d'horreur que le crime même ; et il espérait par cette pièce réconcilier la tragédie « avec quantité de personnes célèbres par leur piété et par leur doctrine ». L'envie de se rapprocher de ses premiers maîtres le faisait ainsi parler dans sa préface, et d'ailleurs il était persuadé que l'amour, à moins qu'il ne soit entièrement tragique, ne doit point entrer dans les tragédies.

D'après l'ensemble de ces textes, vous tenterez de reconstituer l'atmosphère littéraire du siècle classique; quelle autre grande période du théâtre vous rappelle la cabale de *Phèdre*? Commentez en vous appuyant sur le texte de la pièce les critiques adressées à Racine.

2. L'*HIPPOLYTE* DE ROBERT GARNIER

Robert Garnier (1545-1583) s'inspire, comme presque tous les écrivains de sa génération, de la prose et de la pensée de Sénèque. Ses pièces offrent une simplicité de structure proche de l'esthétique racinienne : le premier acte sert de prologue, le dernier offre une catastrophe que les péripéties intermédiaires ont permis d'engendrer. Comme l'ont noté plusieurs critiques, sa dramaturgie a plus un caractère rhétorique et poétique que proprement dramatique.

Voici deux extraits de son *Hippolyte* (pièce antérieure à 1572).

2.1. LE SONGE D'HIPPOLYTE

Le premier morceau appartient à l'acte premier et retrace le songe du héros. On rapprochera ce passage des passages poétiques de la tragédie de Racine. En quoi Racine renouvelle-t-il la poésie dans la tragédie ? On fera ressortir les éléments de sensiblerie languissante. En quoi Garnier reste-t-il prisonnier de l'art de ceux dont il s'inspire ? Comment Racine s'en est-il libéré ?

C'est Hippolyte qui parle :

Jà l'Aurore se lève, et Phébus, qui la suit,
Vermeil fait recacher les flambeaux de la nuit.
Jà ses beaux limoniers commencent à répandre
Le jour aux animaux, qui ne font que l'attendre.
Jà les monts sourcilleux commencent à jaunir
Sous le char de ce dieu qu'ils regardent venir.
O beau soleil luisant, belle et claire planète,
O grand dieu perruquier, qui lumineux éteins,
Me décharmant les yeux, l'horreur des songes vains,
Qui ores travaillaient durant cette nuit sombre
Mon esprit combattu d'un larmoyable encombre,
Je te salue, ô Père, et resalue encor,
Toi, ton char, tes chevaux, et tes beaux rayons d'or.
Il me semblait, dormant, que j'errais solitaire
Au creux d'une forêt, mon ébat ordinaire,
Descendu dans un val, que mille arbres autour,

Le ceinturant épais, privent de notre jour.
Il y faisait obscur, mais non pas du tout comme
En une pleine nuit qu'accompagne le somme,
Mais comme il fait au soir, après que le soleil
A retiré de nous son visage vermeil,
Et qu'il relaisse encore une lueur qui semble
Être ni jour ni nuit, mais tous les deux ensemble.
Dedans ce val ombreux était à droite main
Un antre plein de mousse, et de lambruche plein,
Où quatre de mes chiens entrèrent d'aventure,
Quatre molossiens de guerrière nature.
A grand-peine ils étaient à la gueule du creux,
Qu'il se vient présenter un grand lion affreux,
Le plus fort, et massif, le plus épouvantable
Qui jamais hébergeât au Taure inhospitable.
Ses yeux étaient de feu, qui flambaient tout ainsi
Que deux larges tisons dans un air obscurci.
Son col gros et charnu, sa poitrine nerveuse
S'enflaient hérissonnés d'une hure crineuse;
Sa gueule était horrible, et horribles ses dents
Qui comme gros piquets apparaissaient dedans.
Mes chiens, bien que hardis, si tôt ne l'avisèrent,
Que saisis de frayeur, dehors ils s'élancèrent,
Accoururent vers moi tremblant et pantelant,
Criant d'une voix faible, et comme s'adeulant.
Si tôt que je les vois si éperdus, je tâche
De les rencourager : mais leur courage lâche
Ne se rassure point, et tant plus que je veux
Les en faire approcher, ils reculent peureux.
Comme un grand chef guerrier, qui voit ses gens en fuite,
Et plusieurs gros scadrons d'ennemis à leur suite,
A beau les enhorter, les prier, supplier
De retourner visage, et de se rallier,
A beau faire promesse, a beau donner menace,
C'est en vain ce qu'il fait : ils ont perdu l'audace,
Ils sont sourds et muets, et n'ont plus autre soin,
Que de hâter le pas et de s'enfuir bien loin.
J'empoigne mon épieu, dont le fer qui flamboie
Devant mon estomac me découvre la voie.
Je descend jusqu'au bord, où soudain j'aperçois
Ce grand lion pattu qui décoche sur moi,
Dégorgeant un tel cri de sa bouche béante
Que toute la forêt en résonne tremblante,
Qu'Hymette en retentit, et que les rocs qui sont
Au bord thriasien en sourcillent le front.
Ferme je me roidis, adossé d'une souche,
Avancé d'une jambe, et à deux bras je couche

Droit à lui mon épieu, prêt de lui traverser
La gorge ou l'estomac, s'il se cuide avancer.
Mais las! peu me servit cette brave assurance!
Car lui, sans faire cas du fer que je lui lance,
Non plus que d'un fêtu que j'eusse eu dans la main,
Me l'arrache de force et le rompt tout soudain,
Me renverse sous lui, me traînasse et me boule,
Aussi facilement qu'il eût fait d'une boule.
Jà ses griffes fondaient dans mon estomac nu,
L'écartelant sous lui comme un poulet menu
Qu'un milan a ravi sous l'aile de sa mère,
Et le va déchirant de sa griffe meurtrière,
Quand vaincu de tourment je jette un cri si haut,
Que j'en laisse mon songe, et m'éveille en sursaut,
Si froid et si tremblant, si glacé par la face,
Par les bras, par le corps, que je n'étais que glace...

CHŒUR DE CHASSEURS

Déesse fille de Latone
De Dèle le bonheur jumeau,
Qui t'accompagnes d'un troupeau
Que la chasteté n'abandonne,
Si les monts hérissés de bois,
Sur le sein touffu d'une taille,
Si les rocs à la dure écaille
Te vont agréant quelquefois,
Quand du front passant les pucelles,
L'arc et la trousse sur le dos,
La trompe creuse à tes aisselles,
Tu vas chassant d'un pied dispos,

O montagneuse, ô bocagère,
Aime-fontaines, porte-rêts,
Guide nos pas en tes forêts
Après quelque biche légère.
Que si favoriser te chaut
Notre chasseresse entreprise,
Nous t'appendrons de notre prise
La dépouille en un chêne haut,
Et de fleurs les tempes couvertes,
Sous l'arbre trois fois entouré,
Les mains pleines de branches vertes
Chanterons ton nom adoré.

Heureuse notre dure vie,
Que la faim avare de l'or,
La haine, ni l'amour encor
N'ont à leurs poisons asservie,
Mais qui, faits compagnons des dieux,

Nous exerce à faire une quête,
Ores d'un cerf branchu de tête,
Ores d'un sanglier furieux,
Que tout exprès produit Nature
Pour servir d'ébat innocent
Au creux d'une forêt obscure
A nous qui les allons chassant.

Quel plaisir de voir par les landes,
Quand les mois tremblent refroidis,
Les cerfs faire leurs viandis,
Faute de gagnages, aux brandes?
Et recélés au plus profond
Des bois, chercher entre les hardes
De diverses bêtes fuyardes,
L'abri du vent qui les morfond?
Puis si tôt que l'an renouvelle,
A repos dedans leurs buissons,
Refaire une tête nouvelle,
Qui endurcit jusqu'aux moissons?

Adonc l'Amour qui époinçonne
Toute créature à s'aimer,
Les fait du rut si fort bramer
Que le bois d'autour en résonne.
Vous les verrez de grand courroux
Gratter de quatre pieds la terre,
Et d'une forcenante guerre
Se briser la tête de coups.
La biche regarde, peureuse,
Incertaine lequel sera,
Que la victoire impérieuse
Pour son mari lui baillera.

Lancés par les piqueurs, ils rusent,
Ores changeant, ores croisant,
Ore à l'écart se forpaisant
D'entre les meutes qu'ils abusent;
Ore ils cherchent de fort en fort
Les autres bêtes qui les doutent,
Et de force en leur lieu boutent,
Pour se garantir de la mort.
Là se tapissant contre terre,
Les pieds, le nez, le ventre bas,
Moquent les chiens qui vont grand erre,
Dépendant vainement leurs pas.

Tandis nous voyons d'aventure
Vermeiller dedans un pâtis
Ou faire aux fraîcheurs ses boutis

Un sanglier à l'horrible hure,
Qu'une autre fois, armés d'épieux
Et de chiens, compagnons fidèles,
Malgré ses défenses cruelles,
Nous combattons audacieux.
Quelquefois d'une course vite
Nous chassons les lièvres soudains,
Qui plus cauts mêlent à leur fuite
La ruse pour frauder nos mains.

Quand le soir ferme la barrière
Aux chevaux établés du jour,
Et que toi, Diane, à ton tour
Commences ta longue carrière,
Comme les forêts, ton souci,
Tu vas quittant à la nuit brune,
Pour reluire au ciel, belle Lune,
Lassés nous les quittons aussi ;
Nous retournons chargés de proie
En notre paisible maison,
Où soupant d'une allègre joie,
Dévorons notre venaison.

2.2. LA DÉCLARATION DE PHÈDRE

Le second extrait vient de l'acte III : il s'agit de la déclaration de
Phèdre à Hippolyte (on la rapprochera de la scène v de l'acte II
de Racine) :

NOURRICE, PHÈDRE, HIPPOLYTE

PHÈDRE

...L'amour consomme enclos
L'humeur de ma poitrine et dessèche mes os.
Il rage en ma mouelle, et le cruel m'enflamme
Le cœur et les poumons d'une cuisante flamme.
Le brasier étincelle et flamboie âprement,
Comme il fait quand il rampe en un vieil bâtiment
Couvert de chaume sec, s'étant en choses sèches
Élevé si puissant de petites flammèches.

HIPPOLYTE

C'est l'amour de Thésée qui vous tourmente ainsi.

PHÈDRE

Hélas ! voire, Hippolyte, hélas ! c'est mon souci.
J'ai misérable, j'ai la poitrine embrasée
De l'amour que je porte aux beautés de Thésée,
Telles qu'il les avait lorsque bien jeune encor

Son menton cotonnait d'une frisure d'or,
Quand il vit, étranger, la maison dédalique
De l'homme mi-taureau, notre monstre crétique.
Hélas! que semblait-il? ses cheveux crêpelés,
Comme soie retorse en petits annelets,
Lui blondissaient la tête, et sa face étoilée
Était, entre le blanc, de vermillon mêlée.
Sa taille belle et droite avec ce teint divin
Ressemblait, égalée, à celle d'Apollin,
A celle de Diane, et surtout à la vôtre,
Qui en rare beauté surpassez l'un et l'autre.
Si nous vous eussions vu quand votre géniteur
Vint en l'île de Crète, Ariane ma sœur
Vous eût plutôt que lui, par son fil salutaire,
Retiré des prisons du roi Minos, mon père.
Or quelque part du ciel que ton astre plaisant
Soit, ô ma chère sœur, à cette heure luisant,
Regarde par pitié moi, ta pauvre germaine,
Endurer comme toi cette amoureuse peine.
Tu as aimé le père, et pour lui tu défis
Le grand monstre de Gnide, et moi j'aime le fils.
O tourment de mon cœur, Amour, qui me consommes!
O mon bel Hippolyte, honneur des jeunes hommes,
Je viens la larme à l'œil me jeter devant vous,
Et, d'amour enivrée, embrasser vos genoux,
Princesse misérable, avec constante envie
De borner à vos pieds mon amour, ou ma vie...

On rapprochera l'Hippolyte de Sénèque de celui qu'a créé Robert Garnier. Qu'ont-ils de semblable? En quoi diffèrent-ils? On fera la même étude pour le personnage de Phèdre. On essaiera ensuite de définir le personnage de la tragédie antique et celui de la tragédie renaissante.

« A Garnier revient le mérite d'avoir naturalisé la légende et de l'avoir portée le premier sur la scène française », souligne M. Dédéyan dans son étude sur « Racine et sa *Phèdre* ». Vous montrerez en quoi se caractérisent d'après ces lignes les grandes oppositions entre la tragédie renaissante et la tragédie classique.

3. LES SOURCES ANTIQUES

On a souvent remarqué, fort justement d'ailleurs, que si Corneille préférait Rome, Racine se tournait davantage vers la Grèce, dont la culture lui était très familière. Et de fait, une fois encore, c'est à la légende hellénique qu'il empruntera le sujet de sa tragédie *Phèdre*.

Avant lui, quelques poètes français avaient repris les thèmes de cette fameuse légende — sans grand succès, à l'exception de Robert Garnier (voir plus haut). Mais tous puisaient à la même source, ou plutôt aux deux mêmes sources, l'une grecque, l'autre romaine.

3.1. EURIPIDE

C'est, en effet, chez Euripide que l'on voit apparaître clairement la première utilisation dramatique du sujet : par deux fois le poète athénien traita le même sujet en donnant à ses tragédies le nom de son héros pour titre : Hippolyte. En réalité, il ne s'agit pas de deux pièces, mais de la réfection de la première, jugée trop scandaleuse, en une pièce plus capable de « passer la rampe ». Quoi qu'il en soit, cette tragédie obtint le premier prix au concours de 428 avant J.-C. (Périclès était mort quelque temps auparavant). Bien que différent du héros de Racine (le poète français a dû remodeler le personnage au goût d'un public formé par les traditions chrétiennes), l'Hippolyte d'Euripide demeure un héros pur et vierge d'âme, plein de respect pour le divin, accablé par le destin dans un malheur sans fin.

Résumé de l'*Hippolyte* d'Euripide.

Méprisée d'Hippolyte, la déesse Aphrodite raconte dans le prologue qu'elle va se venger. En effet, Hippolyte réserve ses hommages à la déesse de la Chasse, Artémis, et refuse de céder à l'amour. Pendant l'absence de Thésée, Phèdre avoue son amour coupable à sa nourrice, qui lui propose de l'aider à satisfaire cet amour. Sur le refus de Phèdre, la nourrice révèle à Hippolyte la passion qu'il inspire à sa belle-mère. Celui-ci s'enfuit, horrifié, et Phèdre, torturée de honte, maudit sa nourrice et se pend.
Thésée arrive et découvre, autour du cou de sa femme, une tablette sur laquelle elle accuse Hippolyte d'avoir tenté de lui faire violence. Arrive ensuite un messager qui raconte qu'un monstre, sorti de la mer, a épouvanté les chevaux d'Hippolyte. Celui-ci, traîné par les chevaux affolés, est mourant. Artémis dévoile alors à Thésée la vérité. Hippolyte meurt dans les bras de son père et lui pardonne. Voici la scène où Phèdre avoue à sa nourrice son amour pour Hippolyte (traduction de L. Méridier, publiée par les éditions des Belles Lettres).

L'AVEU DE PHÈDRE À ŒNONE

LA NOURRICE. — Sache-le pourtant — doivent ces raisons te trouver plus intraitable que la mer — si tu meurs, tu trahis tes fils : ils n'auront point de part au bien paternel, j'en atteste la royale Cavalière, l'Amazone qui à tes enfants donna pour maître un bâtard aux prétentions de fils légitime — tu le connais bien, Hippolyte.

PHÈDRE. — Las!

LA NOURRICE. — Voilà qui te touche?

PHÈDRE. — Ah! mère, tu me tues. Par les dieux, je t'implore : sur cet homme fais le silence désormais !

LA NOURRICE. — Tu vois? Tu as ta raison, et, avec ta raison, tu refuses de servir tes enfants et de sauver ta vie.

PHÈDRE. — J'aime mes fils; mais c'est bien une autre tourmente !

LA NOURRICE. — Tes mains, ma fille, sont-elles pures de sang?

PHÈDRE. — Mes mains sont pures; c'est mon cœur qui est souillé. [...]

LA NOURRICE. — Quel est donc cet effroi qui te pousse à mourir?

PHÈDRE. — Ah ! laisse-moi faillir ! Ce n'est pas envers toi.

LA NOURRICE. (*S'agenouillant et saisissant la main de Phèdre.*) — Si j'échoue, ce sera malgré moi, par ton fait.

PHÈDRE. — Quoi ! tu me fais violence, attachée à ma main?

LA NOURRICE. (*Embrassant les genoux de la reine.*) — Et même à tes genoux, pour ne plus les lâcher. [...]

PHÈDRE. — Va-t'en, au nom des dieux, et lâche-moi la main !

LA NOURRICE. — Non, puisque tu m'envies la faveur qui m'est due.

PHÈDRE. — Tu l'auras : je respecte ta main vénérable.

LA NOURRICE. (*Elle fait signe aux servantes, qui disparaissent.*) — Je me tais donc; à toi de parler désormais.

PHÈDRE. — O mère infortunée, quel amour fut le tien !

LA NOURRICE. — Pour un taureau, ma fille? Ou bien que veux-tu dire?

PHÈDRE. — Et toi, ma pauvre sœur, qu'épousa Dionysos...

LA NOURRICE. — Mon enfant, qu'as-tu donc? Tu insultes les tiens?

PHÈDRE. — La troisième à son tour, je meurs, infortunée.

LA NOURRICE. — La stupeur m'a saisie. Où vas-tu en venir?

PHÈDRE. — C'est de là, non d'hier, que date mon malheur.

LA NOURRICE. — Je n'en sais pas plus long sur ce que je désire.

PHÈDRE. — Las ! Que ne me dis-tu les mots que je dois dire ?

LA NOURRICE. — Je ne suis pas devin pour voir dans les ténèbres.

PHÈDRE. — Qu'est-ce donc qu'on appelle amour chez les humains ?

LA NOURRICE. — Rien n'est plus doux, ma fille, ni amer tout ensemble.

PHÈDRE. — Je n'en aurai goûté, pour moi, que l'amertume.

LA NOURRICE. — Quoi ! tu aimes, ma fille ? Est-ce un homme, et lequel ?

PHÈDRE. — Celui-là — homme ou non — qu'enfanta l'Amazone.

LA NOURRICE. — Hippolyte, dis-tu ?

PHÈDRE. — C'est toi qui l'as nommé.

LA NOURRICE. — Hélas ! Que vas-tu dire, ma fille ? Tu m'as frappée à mort.

(Euripide, *Hippolyte,* vers 305-355.)

On rapprochera cette scène de la scène III de l'acte premier chez Racine ; on recherchera les procédés d'imitation, pour le fond et pour la forme. On comparera et l'on définira le style de ces deux scènes. On se demandera si, dans cet exemple précis, l'art de Racine n'est pas d'avoir simplement traduit cette scène d'Euripide en alexandrins. Importance de l'alexandrin dans le climat tragique.

LA MORT D'HIPPOLYTE

THÉSÉE. — O dieux, et toi Poséidon ! tu étais donc vraiment mon père, pour avoir exaucé mes imprécations ! (*Au messager.*) Comment a-t-il péri ? Parle. De quel coup la massue de la Justice a-t-elle frappé l'auteur de ma honte ?

LE MESSAGER. — Près du rivage ouvert au flot, l'étrille en main, nous étions à peigner la crinière des chevaux, tout en larmes ; un messager était venu dire qu'Hippolyte ne porterait plus ses pas sur cette terre, frappé par ton arrêt d'un déplorable exil. Lui-même, mettant ses pleurs à l'unisson des nôtres, il vint au rivage ; et, derrière lui, en innombrable cortège, l'accompagnaient les amis de son âge. Enfin, après un temps, il cessa ses sanglots : « Pourquoi suis-je, dit-il, éperdu de la sorte ? Il faut obéir aux ordres d'un père. Attelez au char les chevaux de joug, esclaves ; cette cité n'est plus la mienne. »

Aussitôt tout le monde s'empressa, et, plus vite qu'on ne saurait dire, les cavales harnachées furent amenées par nous juste auprès du maître. Il saisit de ses mains les rênes attachées au rebord, les pieds bien ajustés aux cavités du char. Et d'abord il dit aux dieux, en étendant les mains : « Zeus, que je meure si je suis un méchant ! Et puisse mon père sentir comme il nous fait injure, que nous soyons mort déjà, ou les yeux ouverts encore à la lumière ! » A ces mots, prenant l'aiguillon en ses mains, il en toucha les coursiers, d'un seul coup ; et nous, les serviteurs, au pied du char, près du mors, nous nous mîmes à suivre notre maître, le long de la route qui va droit à Argos et à Épidaure.

Nous entrions dans un pays désert où, par delà ce territoire, il est un rivage qui s'étend vers le golfe Saronique, quand une rumeur en partit, semblable au tonnerre souterrain de Zeus, exhalant un grondement profond, effroyable à entendre. Levant la tête vers le ciel, les chevaux dressèrent l'oreille, et parmi nous c'était une terreur violente, à chercher d'où pouvait provenir ce bruit. Vers la rive grondante nous jetons les regards : prodigieuse, une vague nous apparaît, touchant le ciel, au point de dérober à mon regard les falaises de Sciron ; elle cachait l'Isthme et le roc d'Asclépios. Puis, s'enflant et rejetant alentour des flots d'écume bouillonnante, elle s'avance vers la rive, à l'endroit où était le quadrige. Et avec la triple lame qui déferle, le flot vomit un taureau sauvage, monstrueux ; la terre entière, emplie de son mugissement, y répond par un écho effroyable, et c'était pour les témoins un spectacle insoutenable aux regards. Aussitôt sur les coursiers s'abat une panique affreuse ; le maître, avec sa longue habitude des chevaux, saisit les rênes à deux mains ; il tire, comme un matelot qui ramène la rame ; il se rejette en arrière, sur les courroies pesant de tout son corps. Mais les cavales, mordant de leurs mâchoires le frein, fils de la flamme, s'emportent, sans souci de la main du pilote, ni des sangles, ni du char bien ajusté. Vers un sol uni, gouvernail en main, dirigeait-il leur course ? apparaissant à l'avant, le taureau faisait faire volte-face au quadrige affolé de terreur ; s'élançaient-elles sur les rocs, dans leur délire ? s'approchant en silence, il suivait le rebord du char. Finalement il fit choir et culbuta le véhicule, en jetant la roue sur un rocher. Tout était confondu : les moyeux des roues volaient en l'air, et les clavettes des essieux. Lui-même, l'infortuné, enlacé dans les rênes, il se voit entraîné, pris à ce lien inextricable ; sa pauvre tête est broyée contre les rocs, son corps brisé, et il pousse des cris affreux à entendre : « Arrêtez, cavales nourries à mes crèches, ne m'effacez pas des vivants ! O funeste imprécation d'un père ! Qui veut venir sauver le plus digne des hommes ? » Nous étions plus d'un à le vouloir, mais nos pas distancés demeuraient en arrière. Enfin dégagé, je ne sais comment, de l'entrave des lanières, il tombe, ayant encore un faible souffle de vie ; les chevaux avaient disparu, avec le fatal et monstrueux taureau, j'ignore en quel endroit des rochers.

Je ne suis qu'un esclave en ta maison, seigneur ; mais il
est une chose dont jamais je ne serai capable : croire que
ton fils soit un méchant — dût se pendre tout la gent
féminine, dût-on couvrir d'écrits les tablettes de l'Ida ! Car
c'est un noble cœur, j'en ai la certitude.

(Euripide, *Hippolyte,* vers 1175-1250.)

On rapprochera ce passage de *Phèdre,* acte V, scène VI. On
recherchera les éléments conservés par Racine. On rapprochera
cette étude de celle qui se trouve après le récit de la mort
d'Hippolyte par Sénèque.

3.2. SÉNÈQUE

La *Phaedra* de Sénèque offre essentiellement l'étude psychologique, et même pathologique, de la passion amoureuse. Même si
son héroïne demeure moins malade que celle d'Euripide, elle
présente tout autant de vie que sa rivale grecque.

Résumé de la *Phaedra* de Sénèque.

Hippolyte chasse avec ses compagnons dans les environs
d'Athènes. Phèdre est lasse d'attendre son époux et de supporter
ses infidélités. Elle cherche à séduire son beau-fils. Sa nourrice,
qui connaît l'aversion d'Hippolyte pour l'amour, essaie de la
détourner de son projet. Cependant, Phèdre déclare son amour
à Hippolyte, qui tire son épée pour se défendre. Puis il s'enfuit,
et la nourrice s'écrie qu'il a tenté de faire violence à Phèdre.
A son retour, Thésée apprend que sa femme désire mourir ; il
la presse de questions, et Phèdre répond en répétant la calomnie
de sa nourrice. Thésée s'adresse à Neptune, qui lui doit l'accom-
plissement d'un vœu, et lui demande de faire mourir son fils. Un
messager survient et annonce la mort d'Hippolyte : un monstre,
sorti de la mer, a effrayé les chevaux d'Hippolyte ; celui-ci a été
traîné sur les rochers. Phèdre avoue alors sa faute à son mari et se
tue. Thésée rassemble en gémissant les membres de son fils.
La traduction de Sénèque est celle de L. Herrmann, publiée par
les éditions des Belles Lettres.

LA DÉCLARATION DE PHÈDRE À HIPPOLYTE

PHÈDRE. — Le nom de mère est trop imposant et trop
présomptueux : un nom plus humble convient plus à mes
sentiments. Appelle-moi ta sœur, ô Hippolyte, ou ton esclave.
Ton esclave plutôt ; oui, je supporterais toutes les charges de
l'esclavage. Je n'hésiterais pas, si tu m'ordonnais de marcher
à travers la neige épaisse des monts, à fouler les cimes
glacées du Pinde, et si tu m'ordonnais de braver les feux
et les cohortes des ennemis, je ne balancerais pas pour
offrir mon sein à leurs glaives menaçants. Reçois le sceptre

qui me fut confié et fais de moi ton esclave; c'est à toi qu'il convient de régner et à moi d'obéir. Ce n'est pas à une femme que doit incomber la tâche de défendre le royaume d'un homme; à toi, qui es dans toute la fleur printanière de la vigueur juvénile, d'exercer avec fermeté sur tes concitoyens la puissance de ton père et de m'accueillir dans ton sein protecteur en suppliante et en esclave. Pitié pour une veuve !

HIPPOLYTE. — Que le souverain des dieux détourne ce présage funeste ! Mon père reviendra bientôt sain et sauf.

PHÈDRE. — Le maître de l'avare Achéron et du Styx silencieux ne permet point de remonter vers le monde des vivants une fois qu'on l'a quitté; va-t-il lâcher le ravisseur de sa propre épouse ? Mais peut-être Pluton lui-même est-il indulgent pour l'amour.

HIPPOLYTE. — Certes les dieux du ciel, dans leur équité, nous accorderont son retour, mais tant que la divinité nous laissera douter que nos vœux soient exaucés, j'entourerai mes frères chéris de l'affection que je leur dois et je ferai en sorte que tu ne te croies pas veuve; je tiendrai moi-même auprès de toi la place de mon père.

PHÈDRE. (*A part.*) — O crédule espoir des amants ! O amour trompeur ! En ai-je dit assez? Pressons-le de nos prières. (*Haut à Hippolyte.*) Aie pitié de moi : comprends les muettes supplications de mon âme. Je veux parler et je n'ose.

HIPPOLYTE. — Quel est donc ton mal?

PHÈDRE. — Un mal dont on ne croirait pas qu'une marâtre puisse être atteinte.

HIPPOLYTE. — Tu lances d'une voix hésitante des mots obscurs. Parle ouvertement.

PHÈDRE. — La flamme ardente d'une passion insensée brûle mon cœur : sa fureur bouillonne jusqu'au plus profond de mes moelles et parcourt mes veines; mes entrailles recèlent ce feu caché, cet amour secret, semblable à l'incendie dont les flammèches rapides courent à travers les lambris élevés [d'un édifice].

HIPPOLYTE. — C'est sans doute ton chaste amour pour Thésée qui te jette dans ce délire?

PHÈDRE. — Oui, Hippolyte; c'est cela. Ce sont les traits de Thésée que j'aime, ses traits de jadis, ceux qu'il avait encore adolescent quand ses joues virginales s'ombrageaient d'une barbe naissante, quand il visita la ténébreuse demeure du monstre de Gnosse en tenant un long fil qui suivait tous les détours de sa route. Ah ! de quelle beauté il brillait alors !

Des bandelettes pressaient sa chevelure; l'incarnat de la pudeur teignait ses joues délicates; ses jeunes bras avaient déjà des muscles vigoureux; il avait le visage de ta Phébé ou de mon Phébus ou plutôt encore le tien — oui, il était bien tel, tel que cela, quand il plut à son ennemie même. C'est ainsi qu'il levait fièrement la tête; mais tu brilles encore davantage dans ta beauté dénuée d'artifice; ton père revit en toi tout entier et pourtant il se mêle également à cette ressemblance je ne sais quelle grâce un peu sauvage qui te vient de ta mère : oui, sur ton visage de Grec apparaît la rudesse [un peu farouche] d'un Scythe. Si tu étais entré avec ton père dans les eaux de la Crète, c'est à toi que ma sœur aurait plutôt destiné le fil de ses fuseaux. C'est toi, ma sœur, c'est toi que j'invoque, quelle que soit la partie du firmament où tu brilles, pour une cause semblable à la tienne. Une seule famille nous a séduites toutes deux, ma sœur : toi le père et moi le fils. (*A Hippolyte.*) Vois couchée suppliante, à tes genoux où elle tombe, la fille d'une royale maison ! Moi qui ne fus jamais souillée d'aucune tache, moi qui, jusqu'ici, suis restée pure et innocente, c'est pour toi seul que je me transforme [en coupable]. C'est bien résolument, va, que je me suis abaissée à ces prières : ce jour terminera ma douleur ou ma vie. Aie pitié d'une amante.

HIPPOLYTE. — O puissant roi des dieux, avec quelle patience tu écoutes, tu contemples de tels forfaits ? Quand donc lanceras-tu la foudre de ta main redoutable ? [...]

(Sénèque, Phèdre, vers 610-675.)

On recherchera dans cette scène les éléments conservés par Racine (acte II, scène IV), les éléments qu'il a supprimés. On cherchera comment Racine a su ramasser plus vigoureusement la scène de la déclaration, et l'on étudiera la modification du personnage d'Hippolyte.

RÉCIT DE LA MORT D'HIPPOLYTE

LE MESSAGER. — Hippolyte, hélas ! succombe à un lamentable trépas !

THÉSÉE. — Voici longtemps déjà que mon cœur paternel savait qu'il n'avait plus de fils : et ce n'est maintenant que le séducteur qui disparaît. Raconte-moi sa mort en détail.

LE MESSAGER. — Quand il eut, comme un fugitif [traqué], quitté la ville, en courant à toute allure, éperdument, il soumit en toute hâte au joug élevé ses coursiers piaffants et ajusta le mors et les rênes à leur bouche domptée. Alors, après s'être longuement parlé à lui-même en invoquant sa patrie [désormais] abominable pour lui et en répétant souvent le nom de son père, il agita avec ardeur les rênes aux lanières flottantes : soudain, du large, un vaste bouillonnement vint gonfler la mer et l'élever vers les cieux. Nul vent [pourtant] ne souffle sur la mer. [...] La mer immense se gonfle en un mont prodigieux et, grosse d'un monstre, jette son flot à l'assaut des terres. Oui, ce n'est pas contre les vaisseaux que se dresse ce fléau si redoutable : ce sont les terres qu'il menace ; les vagues roulent lourdement en avant, et l'onde porte dans son sein je ne sais quelle masse qui l'accable. Quelle terre va présenter aux cieux sa tête naissante ? Une nouvelle Cyclade émerge-t-elle ? Tandis que, muets de stupeur, nous nous posons ces questions, voici que toute la mer mugit, et que de toutes parts les rochers répercutent ce bruit. [...] Ce globe liquide s'ébranle avec un horrible fracas, se brise et dépose sur la rive un monstre qui dépasse encore nos craintes ; puis la mer s'élance dans les terres et suit sa prodigieuse bête. Nous sommes secoués par l'épouvante. Quel horrible aspect avait son vaste corps ! Taureau dressant dans les airs un cou azuré, il élevait une épaisse crinière sur son front vert ; il a des oreilles droites et velues, ses yeux ont une couleur changeante, rappelant à la fois celle du chef d'un sauvage troupeau et celle d'un être né dans les ondes, tantôt ils lancent des flammes, tantôt ils brillent d'un étincelant reflet d'azur ; sa nuque grasse fait saillir des muscles fermes, ses naseaux béants retentissent quand il les ouvre pour aspirer ; son poitrail et ses fanons sont verdis par une couche d'algues qui y reste plaquée, et ses flancs immenses sont tachetés par places de rougeâtres fucus ; enfin l'extrémité postérieure de son dos se rassemble en une forme monstrueuse, et l'énorme animal traîne une immense queue squameuse. Telle la Scie qui dans les mers les plus lointaines engloutit ou fracasse les navires qu'elle presse. La terre est tremblante, le bétail épouvanté s'enfuit au hasard dans les champs et le pâtre ne songe plus à suivre ses propres taureaux ; tous les fauves s'enfuient des bois et tous les chasseurs, saisis d'horreur, sentent tout leur sang se glacer d'effroi. Seul inaccessible à l'effroi, Hippolyte retient ses chevaux en serrant les rênes et les fait avancer malgré leur épouvante en les exhortant d'une voix qu'ils connaissent bien.

Il y a une route élevée qui va vers Argos : elle est taillée dans le roc et borde de très près les flots de la mer qu'elle surplombe ; c'est là que la monstrueuse et massive créature s'excite et se prépare à faire rage. Dès qu'elle s'est animée, dès qu'elle a assez prélude à son attaque par des essais, elle s'envole d'un bond rapide, effleurant à peine le sol dans

sa course vertigineuse, et se dresse, menaçante, devant les
coursiers tremblants. De son côté, ton fils se lève en la bravant
d'un air superbe, sans changer de visage, et, d'une voix
tonnante, il s'écrie : « Ce vain épouvantail n'abat point mon
courage : car c'est pour moi une tâche héréditaire que de
vaincre les taureaux. » Mais voici que ses chevaux, cessant
aussitôt d'obéir au mors, entraînent le char et, s'écartant déjà
du chemin, s'en vont, emportés, partout où les lance leur
folle frayeur : ils se jettent au milieu des rochers. Lui, comme
un pilote qui, lorsque la mer est en furie, ralentit son navire
pour qu'il ne soit pas pris de flanc par les lames et trompe
par son adresse la vague, il gouverne son attelage galopant ;
tantôt il tire sur la bouche des coursiers en serrant violemment les rênes, tantôt il frappe à coups redoublés leur
croupe de son fouet pour les maîtriser. L'autre les suit en
compagnon obstiné, et tantôt il marche du même pas, tantôt
il vient au contraire à leur rencontre redoublant de toute
part leur épouvante. Enfin, il ne leur permet pas de fuir
davantage, car ce monstre cornu venu de la mer se dresse
effroyable, devant eux, de toute sa largeur. Alors les coursiers
cabrés par leur épouvante, rebelles à leur maître, s'efforcent
de s'arracher à son joug et, tout droits sur leurs pattes de
derrière, ils jettent à bas le char qui les entrave. Lui tombe
la tête la première et, dans sa chute, embarrasse son corps
dans les rênes, où il reste pris : plus il se débat, plus il
resserre ces liens tenaces. Les chevaux s'aperçoivent de leur
exploit et [désormais] sans maître ils se ruent avec ce char
allégé du côté où l'effroi les entraînait.

Ainsi, à travers les airs, ne reconnaissant pas sa charge
accoutumée et s'indignant que le « char du jour » eût été
confié à un faux Soleil, l'attelage de Phaéton le précipita du
ciel où il errait. Il ensanglante les champs de longues traînées,
sa tête se brise en rebondissant sur les rocs, les ronces
arrachent ses cheveux, les durs cailloux maltraitent son
beau visage, et sa fatale beauté succombe à mainte blessure.
Son corps moribond est emporté par les roues qui tour-
billonnent rapidement ; enfin, tandis qu'il est ainsi entraîné,
un tronc dont la souche était à demi brûlée le retient de sa
pointe fichée en plein milieu de son aine, et l'attelage est
arrêté un moment par l'obstacle, où son maître reste
accroché. Son empalement immobilise les deux chevaux du
char. Mais ils se déchirent à la fois leur entrave et leur maître.
Puis ce corps palpitant est mis en pièces par les broussailles,
les buissons d'épines, les ronces aiguës ; tous les troncs
arrachent un lambeau de ce cadavre. La funèbre troupe de ses
serviteurs erre à travers la plaine par la route où Hippolyte
a été mis en pièces et dont une longue traînée de sang

jalonne l'étendue, et ses chiens affligés suivent les traces sanglantes de leur maître. Malgré notre labeur assidu, notre
douleur n'a pas encore réussi à rassembler tout son corps.
Est-ce donc là sa splendide beauté ? Lui qui naguère était
l'illustre associé du trône de son père et son héritier certain,
lui qui brillait comme un astre, est maintenant recueilli par
bribes pour le bûcher funèbre et rassemblé pour qu'on lui
rende les derniers honneurs.

(Sénèque, *Phèdre,* vers 1000-1115.)

> On étudiera les éléments réalistes que Racine a empruntés à cette
> scène de Sénèque. On analysera les comportements différents
> d'Hippolyte dans les trois textes : chez Euripide, chez Sénèque,
> chez Racine.

3.3. RACINE ET SES SOURCES ANTIQUES

Plusieurs critiques se sont penchés sur les raisons qui ont poussé
Racine à modifier les sources antiques. Voici ce que note
M. Pommier :

Quant aux raisons qui décidèrent Racine à faire Hippolyte
amoureux [...], on a souvent dit qu'un Hippolyte sans maîtresse risquait de susciter les insinuations désobligeantes des
petits-maîtres. Le vice de Sodome était trop répandu à la
cour pour qu'on n'expliquât pas ainsi la réserve du fils de
Thésée. L'entourage du duc d'Orléans, frère du roi, était
déjà du Proust ou du Boudet avant la lettre [...]. Saint-Simon
assure à propos d'un autre sodomiste, Vendôme, que
Louis XIV était [...] plein d'une [...] singulière horreur pour
tous les habitants de Sodome, et jusqu'au moindre soupçon
de ce vice.

(J. Pommier, *Aspects de Racine,* p. 187.)

D'un autre côté, André Bellessort met l'accent sur le côté social
de la modification racinienne.

Hippolyte agit comme l'homme antique ; mais son langage
et ses manières reflètent une haute civilisation ; il a la déli-
catesse et la sensibilité d'un homme d'aujourd'hui ; et sur ce
point la tragédie de *Phèdre* se ressent du même défaut que
celle d'*Iphigénie,* où une société polie ne parle que d'égorger
une jeune fille.

(A. Bellessort, *le Plaisir du théâtre,* p. 73-75.)

M. Thierry Maulnier pense que le principal mérite de Racine tient
dans sa création du personnage de Phèdre.

La véritable invention, la précieuse invention de Racine, ce
n'est pas Hippolyte amoureux, c'est Phèdre jalouse. L'instrument de la mort d'Hippolyte, la jalousie de Phèdre, est

aussi la ruse admirable par laquelle Racine manifeste son affinité et sa complicité intime avec une héroïne qu'il ne veut conduire au crime que dans une folie digne de respect et proprement racinienne.

Il explique ainsi son jugement par la structure même de la pièce :

> Il n'y a pas de duel dans Phèdre [...]. Pyrrhus était jeté contre Andromaque, Néron contre Agrippine, Bérénice contre Titus ; Phèdre est jetée contre Phèdre dans une œuvre furieuse de destruction de soi où les interventions extérieures ne sont plus que des occasions et des prétextes. Le principe de la tragédie cesse de se trouver dans le duel pour se trouver dans la contradiction.

> *(Lecture de Racine.)*

A l'aide de ces jugements et des sources antiques de Racine, vous tenterez de tirer la part proprement racinienne de la tragédie que vous étudiez.

Phot. Lipnitzki.

PHÈDRE À LA COMÉDIE-FRANÇAISE (1957)

Thésée (Maurice Escande) et Phèdre (Jacqueline Morane) en costume à l'antique.

Phot. Lipnitzki.

PHÈDRE À LA COMÉDIE-FRANÇAISE (1959)

Phèdre (Annie Ducaux) et Thésée (Jean Marchat)
en costume de théâtre à la mode du XVIIᵉ siècle.

JUGEMENTS SUR « PHÈDRE »

Sur l'ensemble de la tragédie.

Contre tous ses adversaires, Phèdre, *dès l'origine, a trouvé en Boileau un défenseur enthousiaste. Dans son* Epître VII, A Racine, *sur l'utilité des ennemis, il écrit dès 1677 :*

> Le Parnasse français, ennobli par ta veine,
> Contre tous ces complots saura te maintenir
> Et soulever pour toi l'équitable avenir.
> Et qui, voyant un jour la douleur vertueuse
> De Phèdre, malgré soi, perfide, incestueuse,
> D'un si noble travail, justement étonné,
> Ne bénira d'abord le siècle fortuné
> Qui, rendu plus fameux par tes illustres veilles,
> Vit naître sous ta main ces pompeuses merveilles ?

Boileau,
Épître VII (1677).

Très vite, la renommée de Phèdre *s'est établie, et elle ne s'est plus démentie jusqu'à nos jours. Cette pièce reste à nos yeux le modèle même de la tragédie racinienne et de la tragédie classique en général. C'est ce que montre un critique moderne, Jean Rousset, en y étudiant l'utilisation du temps :*

L'auteur classique [...] ne présente qu'un point de l'action, il l'épure de tout événement. L'auteur baroque présente l'événement lui-même, c'est-à-dire un développement, une suite de points successifs : il introduit le temps et par suite l'espace dans son œuvre. Racine élimine le temps, il l'empêche de travailler à l'intérieur de l'œuvre. La passion de Phèdre ne se développe pas, elle éclate; elle n'a plus à se former ou à mûrir, elle est parvenue au plus haut degré de maturation; elle n'a pas non plus à se transformer ou à dépérir, elle ne peut que faire le vide autour d'elle [...]. Le temps n'est pourtant pas absent de la pièce classique, mais il opère antérieurement à la tragédie, il s'accumule sur son seuil [...], la tragédie racinienne se nourrit de passé, d'un passé monstrueusement amassé et tendu à éclater; lorsqu'il est sur le point d'éclater, c'est alors que commence la pièce [...]. Ce passé trop lourd, trop riche, déborde dans les aveux, les confidences, les rappels qui ouvrent les premiers actes, où il faut voir bien autre chose que des récits destinés à nous mettre au courant; c'est ce bassin des années profondes qui se débonde et dont l'énergie est telle qu'elle suffit à donner à toute la pièce son vertigineux mouvement.

Jean Rousset,
la Littérature de l'âge baroque (1954).

Sur Hippolyte et Aricie.

Jusqu'à nos jours, cependant, certains aspects de la tragédie ont fait l'objet de réserves. D'abord et surtout les personnages d'Hippolyte et d'Aricie, et leur intrigue amoureuse. C'est ainsi que Fénelon déclare dans sa Lettre à l'Académie *en 1714 (chapitre VI) :*

Racine a fait un double spectacle, en joignant à Phèdre furieuse Hippolyte soupirant, contre son vrai caractère. Il fallait laisser Phèdre toute seule dans sa fureur. L'action aurait été unique, courte, vive et rapide. Mais [il a été] entraîné par le torrent; [il a] cédé au goût des pièces romanesques, qui avaient prévalu. La mode du bel esprit faisait mettre de l'amour partout.

Fénelon,
Lettre à l'Académie (1714).

Et A. W. Schlegel, spécialiste allemand du théâtre tragique et esprit volontiers dogmatique, renchérit avec outrance :

Racine nous donne à la place du véritable Hippolyte, un prince fort bien élevé, fort poli, observant toutes les convenances, rempli de sentiments honnêtes, respectueusement amoureux, mais du reste insignifiant, sans élan et sans originalité [...] Ses manières et même ses sentiments ne le distinguent en rien des autres princes galants de Racine.

A. W. Schlegel,
Comparaison entre la Phèdre *de Racine
et celle d'Euripide* (1807).

C'est finalement François Mauriac qui nous met sur la voie d'une meilleure compréhension du personnage, quand il rapproche la passion d'Hippolyte de celle de Phèdre; même caractère obsessionnel de l'une et de l'autre, même caractère coupable, aurait-il pu ajouter :

La face exténuée de Phèdre attire toute la lumière; à l'entour, des ombres s'agitent. Les mots brûlants d'Hippolyte à Aricie *(Présente, je vous fuis, absente, je vous trouve)* ne semblent pas lui appartenir, il les a dérobés à Phèdre.

François Mauriac,
Vie de Jean Racine (1928).

Aricie de même a longtemps trouvé des censeurs ironiques comme Voltaire :

Croirait-on qu'on peut, entre une reine incestueuse et un père qui devient parricide, introduire une jeune amoureuse, dédaignant de subjuguer un amant qui ait déjà d'autres maîtresses et mettant sa gloire à triompher de l'austérité d'un homme qui n'a jamais rien aimé? C'est pourtant ce qu'Aricie ose dire dans le sujet tragique de *Phèdre*. Mais elle le dit dans des vers si séducteurs, qu'on lui pardonne ces sentiments d'une coquette de comédie.

Voltaire,
Dictionnaire philosophique (article « Style » [1763]).

En revanche, un critique moderne, Jean Pommier, la défend vigoureusement :

Quand la princesse aimée d'Hippolyte est traitée de « petite sotte », quand on lui prête une « candeur » et des « demi-teintes ternes et douceâtres », je me sens d'humeur à écrire une *Apologie pour Aricie*, pour ce personnage sans passé que Racine n'a pas reçu de la tradition : comment croire qu'à cette neuve argile, il n'ait su donner une âme intéressante?

Jean Pommier,
Aspects de Racine (1954).

Sur le personnage de Phèdre.

Mais il est bien certain qu'Hippolyte et Aricie, comme tous les autres personnages de la pièce, pâlissent singulièrement devant Phèdre. Paul Valéry a poussé cette idée jusqu'au bout :

Tous, moins la reine : le misérable Hippolyte, à peine fracassé sur la rive retentissante, le Théramène aussitôt son rapport déclamé, le Thésée, Aricie, Œnone et Neptune lui-même, l'Invisible, se fondent au plus vite dans leur absence : ils n'ont cessé de faire semblant d'être, n'ayant été que pour servir le principal dessein de l'auteur [...]. Ils ne vivent que le temps d'exciter les ardeurs et les fureurs, les remords et les transes d'une femme [...]. Ils s'emploient à lui faire tirer de son sein racinien les plus nobles accents de concupiscence et de remords que la passion ait inspirés. Ils ne survivent pas, mais Elle survit. L'œuvre se réduit dans le souvenir à un monologue, et passe en moi de l'état dramatique initial à l'état lyrique pur.

Paul Valéry,
Variété V (1945).

Le chant lyrique des tourments de Phèdre est d'autant plus prenant qu'il est varié, complexe, chargé depuis les temps légendaires jusqu'à nos jours d'un poids d'histoire prodigieux :

Phèdre est à la fois, selon une fine observation de Jules Lemaitre, la contemporaine du Minotaure, d'Euripide, de Sénèque, de Racine, la nôtre peut-être : histoire à plusieurs plans, géographie à plusieurs fonds; la tragédie de Racine nous invite à parcourir le plus long registre d'humanité.

Pierre Moreau,
Racine (1956).

Ce qui frappe d'abord dans ce personnage, c'est l'intensité extrême qu'y atteint la peinture de la passion :

L'amour y dépassant (dans *Phèdre*) une limite respectée jusque-là, sauf dans le cas d'Oreste, tombe nettement dans le morbide. Phèdre, à la lettre, se meurt d'amour [...]. De Vénus nous suivons les œuvres suppliciantes, et l'expression peut s'appliquer à toutes les victimes de Racine. Ce théâtre unique nous offre un groupe, oserais-je le dire, d' « écorchés » psychologiques, où nous pouvons suivre les jeux terribles de la passion, comme les étudiants, sur des « écorchés » physiologiques, suivent le jeu des muscles et des tendons.

Gonzague Truc,
le Cas Racine (1921).

Sur la poésie.

Mais à se laisser fasciner ainsi par le réalisme de la pièce, on risque de n'en plus goûter la poésie profonde :

Il n'est pas de pièce où Racine ait atteint un plus fort degré de réalisme; là sa psychologie confine à la physiologie; - et vous conviendrez que les souvenirs de la Crète avec son Labyrinthe, et les allusions à la descente de Thésée aux Enfers, et le monstre incohérent trop bien décrit par Théramène ne parviennent pas à se fondre harmonieusement avec la peinture si hardie d'une passion vraie.

Charles-Marie Des Granges,
Histoire de la littérature française (1925).

Pourtant, la poésie de Phèdre *ne suscite d'ordinaire guère de réserves :*

Phèdre a une poésie plus prestigieuse encore : on ne saurait citer tous les vers qui créent, autour de cette dure étude de passion, une sorte d'atmosphère fabuleuse, enveloppant Phèdre de tout un cortège de merveilleuses ou de terribles légendes, et nous donnant la sensation puissante des temps mythologiques.

Gustave Lanson,
Histoire de la littérature française (1898).

André Gide aussi s'enthousiasme dans son Journal :

> *Phèdre*, que je relis aussitôt après *Iphigénie*, reste incomparablement plus belle [...]. Dans *Phèdre* soudain, je sens Racine qui se commet lui-même, se livre et m'engage avec lui. Quels vers! Quelles suites de vers! Y eut-il jamais, dans aucune langue humaine, rien de plus beau?

André Gide,
Journal (15 février 1934).

Et l'on ne peut s'empêcher de supposer que Paul Claudel pensait à Phèdre *dans ces lignes que rapporte Daniel-Rops :*

> Je trouve toujours l'alexandrin assommant, insoutenable; il me fait penser à une palissade interminable dont l'alternance de vides et de pleins est insoutenable à l'œil. Et cependant je fais plus qu'admettre l'alexandrin chez Racine, j'y applaudis des deux mains. C'était l'engin adéquat dont il avait besoin.

Daniel-Rops,
Claudel, tel que je l'ai connu (1957).

Sur le récit de Théramène.

Mais le point où la méconnaissance de la poésie racinienne a mis le plus de constance à s'exercer reste le fameux récit de Théramène. Dès 1677, Subligny écrivait :

> Il me semble que la nature même ne veut pas qu'un père qui apprend la mort d'un fils si chéri et qu'il commence à croire innocent, écoute toutes ces descriptions inutiles avec tant de patience et de tranquillité.

Subligny,
Dissertation sur les tragédies de Phèdre et Hippolyte (1677).

Et, quelques années plus tard, Fénelon lui fait écho :

> Rien n'est moins naturel que la narration de la mort d'Hippolyte à la fin de la tragédie de *Phèdre* [...]. Théramène, qui vient pour apprendre à Thésée la mort funeste de son fils, devrait ne dire que ces deux mots et manquer même de force pour les prononcer distinctement : « Hippolyte est mort. Un monstre envoyé du fond de la mer par la colère des dieux l'a fait périr. Je l'ai vu. » Un tel homme, saisi, éperdu, sans haleine, peut-il s'amuser à faire la description la plus pompeuse et la plus fleurie de la figure du dragon?

Fénelon,
Lettre à l'Académie (chap. VI [1714]).

Seul Voltaire, mais pour des raisons que nous ne partagerions peut-être pas volontiers, a pris résolument la défense de ce morceau célèbre :

Qui voudrait même qu'on en retranchât quatre vers? Ce n'est pas là une vaine description d'une tempête inutile à la pièce; ce n'est pas là une amplification mal écrite; c'est la diction la plus pure et la plus touchante; enfin, c'est Racine.

Voltaire,
Dictionnaire philosophique
(article « Amplification » [1763]).

Sur la signification de l'œuvre.

Laissons toutefois de côté cette tirade, qui reste comme un défi permanent à l'acteur et au lecteur, pour les obliger à poser et à résoudre le problème du réalisme poétique de la tragédie racinienne. Venons-en à l'essentiel : quelle est la signification profonde de cette pièce? Qu'a voulu faire Racine? Une fois encore, c'est au personnage de Phèdre qu'il nous faut revenir : païenne ou chrétienne? La question a été bien souvent posée. Chateaubriand, le premier, y a fait une réponse vigoureuse :

Le cri le plus énergique que la passion ait jamais fait entendre est peut-être celui-ci :

> Hélas! du crime affreux dont la honte me suit
> Jamais mon triste cœur n'a recueilli le fruit,

Il y a là-dedans un mélange des sens et de l'âme, de désespoir et de fureur amoureuse, qui passe toute expression. Cette femme, qui se consolerait d'une éternité de souffrances, si elle avait joui d'un instant de bonheur, cette femme n'est pas dans le caractère antique; c'est la chrétienne réprouvée, c'est la pécheresse tombée vivante dans les mains de Dieu, son mot est le mot du damné.

Chateaubriand,
Génie du christianisme (1802).

A la même conclusion arrive J. Lemaitre :

Quelle œuvre singulière que *Phèdre*, quand on y regarde d'un peu près! La femme de Thésée est sans doute une malade, en proie à l'une de ces passions inéluctables qui troublent la raison, oppriment la volonté et vous coulent leur poison jusqu'aux moelles. Mais Phèdre est aussi une conscience infiniment tendre et délicate; Phèdre est une chrétienne qui connaît très bien qu'elle perd son âme; elle sent le prix de cette chasteté qu'elle offense; elle est torturée de remords; elle a peur des jugements de Dieu; elle a peur de l'enfer. Victime d'une fatalité qu'elle porte dans son corps ardent et dans le sang de ses veines, pas un instant elle ne consent au crime. Le poète s'est appliqué à accumuler en sa faveur les circonstances atténuantes. Elle ne laisse deviner sa passion à Hippolyte que lorsque la nouvelle de la mort de Thésée a ôté à cet amour son caractère criminel; et cet aveu lui échappe dans un accès de délire halluciné. Plus tard, c'est la nourrice qui accuse Hippolyte : Phèdre la laisse faire, mais elle n'a plus sa tête et ne respire qu'à peine. Pourtant elle allait se dénoncer, lorsqu'elle apprend qu'elle avait une rivale; et sa raison part de nouveau. Enfin, elle se punit en buvant du poison et vient, avant de mourir, se confesser publiquement; et le mot sur lequel son dernier soupir s'exhale est celui de « pureté ».

> Jules Lemaitre,
> *Impressions de théâtre* (1ʳᵉ série, 17 mai 1886).

Et dans le même sens, enfin, François Mauriac va plus loin encore. Non seulement Phèdre est chrétienne, mais elle appartient au christianisme le plus terrible, à celui des rudes maîtres du jeune Racine : le jansénisme :

Nous aimons Phèdre pour ses moments d'humilité. Elle ne se défend pas; elle connaît son opprobre; l'étale aux pieds mêmes d'Hippolyte. L'excès de sa misère nous apparaît surtout lorsque lui ayant décrit son triste corps qui a langui, qui a séché dans les feux, dans les larmes, elle ne peut se retenir de crier à l'être qui est sa vie (rien de plus déchirant n'est jamais sorti d'une bouche humaine) :

> Il suffit de tes yeux pour t'en persuader,
> Si tes yeux un moment pouvaient me regarder.

Prodigieuse lucidité. Où cette nouvelle Hermione, cette dernière incarnation de Roxane, a-t-elle appris à se connaître? Hermione n'erre plus en aveugle dans le palais de Pyrrhus. Roxane est sortie du sérail obscur. Sous les traits de Phèdre, elles entrent en pleine lumière et soutiennent en frémissant la vue du soleil sacré. « Il faut aller jusqu'à l'horreur quand on se connaît... », écrit Bossuet au maréchal de Bellefonds. Phèdre va jusqu'à cette horreur. Elle est fille des dieux, fille du ciel; elle le sait, de cette même science qui était celle de Racine dans le temps où il l'a mise au monde. Lui aussi, dès qu'il a commencé de balbutier, ce fut pour adorer le Père qui est au ciel; et à travers tous les désordres où sa jeunesse l'engagea, il ne perdit point le souvenir de sa filiation divine. Dans le pire abaissement, le chrétien se connaît comme fils de Dieu.

Mais Phèdre ignore le Dieu qui nous aime d'un amour infini. Son cœur malade ne peut se tourner vers ce juge dont elle n'attend rien qu'un supplice nouveau propre à châtier son crime. Aucune goutte de sang n'a été versée pour cette âme. Elle est de ces misérables que les maîtres du petit Racine frustrent sereinement du bénéfice de la Rédemption. Ils avaient une pire croyance : ils ne doutaient pas que le Dieu tout-puissant ait voulu aveugler et perdre telles de ses créatures. Leur Divinité rejoignait le *Fatum* : un Destin qui ne serait pas aveugle, terriblement attentif au contraire à la perte des âmes réprouvées dès avant leur naissance.

François Mauriac,
la Vie de Jean Racine (1928).

Après ces positions extrêmes, c'est un rappel à la modération et à la prudence que nous donne Jean Pommier :

Il semble qu'on ait oublié [la] prudence, quand on a, et pendant si longtemps, expliqué *Phèdre* par le jansénisme de son auteur. Non seulement les passages cités à l'appui viennent le plus souvent de l'Antiquité, mais on ne peut même dire que cette imitation suppose et dénonce des affinités significatives. Rien de plus commun chez les écrivains contemporains de Racine qu'une faute commise « malgré soi ». Au point qu'on se demande, en rapprochant *Phèdre* de ce canon de l'époque, si Racine ne s'est pas plus étrangé de soi dans cette création que dans d'autres, celle d'une Roxane par exemple. On résisterait moins à l'évidence si cette pièce, née presque au zénith de la maturité, on ne la colorait des rayons du couchant. Que Racine soit mort après *Phèdre*, à qui l'idée viendrait-elle de rattacher à l'enseignement de Port-Royal celle de ses tragédies qui, à certains égards, est la plus païenne de toutes?

Jean Pommier,
Aspects de Racine (1954).

Moins polémique et paradoxal, Sainte-Beuve se contente de poser en des termes philosophiques généraux le problème toujours vivant de Phèdre, *celui de la liberté :*

L'expression de l'antique fatalité dans cette pièce se rapproche déjà bien sensiblement de celle qu'admet un rigoureux christianisme. La faiblesse et l'entraînement de notre misérable nature n'ont jamais été mis plus à nu. Il y a déjà, si l'on ose dire, un commencement de vérité religieuse dans une vérité humaine si profondément révélée, si vivement arrachée de ses ténèbres mythologiques. La doctrine de la grâce se sent toute voisine de là; notre volonté même et nos conseils sont à la merci de Dieu; nous sommes libres, nous le sentons, et nous croyons l'être, et pourtant il y a nombre de cas où nous sommes poussés : terrible mystère! Phèdre, avec sa *douleur vertueuse*, pourrait être ajoutée dans le traité du *Libre arbitre* de Bossuet comme preuve que souvent on agit contre son désir, qu'on désire contre sa volonté, qu'on veut malgré soi.

> Que dis-je? Cet aveu que je te viens de faire,
> Cet aveu si honteux, le crois-tu volontaire?

Sainte-Beuve,
Port-Royal (tome VI, 1859).

Et c'est cette même idée que, plus près de nous, développe Antoine Adam dans son Histoire de la littérature française au XVIIe *siècle.*

Certains ont voulu faire de *Phèdre* une tragédie chrétienne. Mais il fallait être Chateaubriand pour voir dans la fille de Pasiphaé une âme façonnée par le christianisme. Ce n'est pas la grâce seulement qui a manqué à cette femme malheureuse. Les dieux, les dieux cruels ont voulu son crime et sa damnation :

> Ces dieux qui se sont fait une gloire cruelle
> De séduire le cœur d'une simple mortelle...

Tragédie janséniste, dirait-on plutôt. Mais le plus pessimiste des augustiniens aurait-il osé pousser si loin l'image d'une divinité acharnée à la perte de ses créatures? Et n'est-il pas significatif que de tous les vers de la tragédie, ceux qui pourraient nous paraître les plus visiblement inspirés par le jansénisme soient précisément la traduction d'un développement de Sénèque?

Certes, nous comprenons bien que Racine n'a pas davantage voulu restituer, avec une exactitude d'historien, la théologie des anciens Grecs. Jules Lemaitre a dit avec raison : « Ce n'est pas vers Minos qu'elle crie. » Mais il a eu tort d'ajouter que c'était donc vers le Dieu de Racine. Car le Dieu qui fait peser la terreur sur le palais de Trézène, ce n'est pas celui de la théodicée catholique. C'est le nom que nous donnons à cette présence en nous d'une force qui nous est étrangère, qui nous dépasse et nous accable. Ce sont les servitudes de l'hérédité, c'est le poids de nos ancêtres qui continuent de vivre en nous et nous dictent notre conduite, de ces « revenants » dont Ibsen a dit, dans un chef-d'œuvre, l'obscure tyrannie. Ce sang qui coule dans nos veines, nous ne nous sommes pas donné. Ces impulsions qui nous font agir, nous y obéissons sans les connaître. Cette découverte de l'inhumain qui est en l'homme, c'est la découverte du tragique. C'est elle, et non pas une orthodoxie religieuse, qui donne son sens au chef-d'œuvre.

Que sa propre expérience de la vie a guidé Racine vers ces sommets de l'art tragique, Antoine Adam le réaffirme contre tous les paradoxes « à la Giraudoux ». Phèdre est faite de la chair de Racine :

[Racine] avait, en écrivant *Phèdre*, retrouvé l'esprit de la tragédie antique. Il avait retrouvé le tragique. De cette découverte, il n'est pas douteux qu'une expérience personnelle ait été la condition nécessaire, et l'on admire les critiques qui ne veulent voir dans sa pièce qu'une abstraite création de l'art. Racine a vu le gouffre où certaines vies risquent de s'enfoncer, et il n'a pu le voir qu'en lui-même. Déjà *Britannicus* et *Bajazet* avaient laissé deviner une connaissance intime et terrifiante du péché. Elle éclate dans *Phèdre* avec toute sa force.

Mais à cette expérience, Racine a su donner dans *Phèdre* une expression qui nous bouleverse parce qu'il en a dégagé la valeur universelle, si bien que sa pièce, ce n'est pas son propre drame, mais le drame de l'humanité aux prises avec les puissances du mal. Cette Phèdre dont les genoux se dérobent, et qui s'avance comme une somnambule, c'est le poids de notre destin qu'elle porte et qui l'écrase.

Enfin, le même critique, dans les lignes suivantes tirées du même ouvrage, esquisse, à partir du texte même et de ce sens qu'il a pour nous modernes, ce que pourrait être de nos jours une mise en scène de Phèdre :

Si nous voulons sentir dans toute sa beauté ce chef-d'œuvre le plus admirable de Racine et sans doute de toute notre littérature, nous devons le représenter tel que le poète l'a conçu. Tout effort pour en accentuer l'aspect de vérité crue et brutale, le défigure, comme aussi bien le déformerait une interprétation qui n'y voudrait reconnaître qu'une œuvre de pure poésie. Nous n'avons même pas le droit d'ignorer les trop rares indications qui nous sont parvenues sur la plus ancienne mise en scène. « Théâtre est un palais voûté », note le décorateur de l'Hôtel de Bourgogne, et l'indication éclaire un vers de la tragédie :

Il me semble déjà que ces murs, que ces voûtes...

On devine une atmosphère de silence lourd, le poids des masses du vieux palais, une lumière qui n'y pénètre qu'avec peine et qui n'éclairera que peu à peu les personnages du drame sacré. C'est dans cette pénombre hostile que s'élèvent leurs voix. Ils récitent plutôt qu'ils ne disent leurs aveux et leurs terreurs. Leur débit lent, leur accent monotone font penser à un culte rendu aux dieux infernaux.

Antoine Adam,
Histoire de la littérature française au XVIIe siècle
(Tome IV, 1954).

SUJETS DE DEVOIRS ET D'EXPOSÉS

COMPOSITIONS FRANÇAISES

● Après la première représentation de *Phèdre,* Boileau fait, par écrit, part de son émotion à un ami de province.

● Dans une lettre au janséniste Nicole, qui avait condamné la tragédie en général, et avec lequel il est sur le point de se réconcilier, Racine défend son héroïne et sa pièce.

● La tragédie de Racine a d'abord été représentée et imprimée sous le titre *Phèdre et Hippolyte.* Vous supposerez qu'un des amis du poète lui écrit pour déplorer le changement de titre.

● Du cinéma ou de la musique, lequel de ces deux arts, selon vous, serait le plus approprié à une adaptation de *Phèdre?* Pourquoi?

DISSERTATIONS ET EXPOSÉS

● Racine est-il, dans *Phèdre,* resté fidèle à l'idéal tragique qu'il définissait dans la première Préface de *Britannicus :* « [...] une action simple, chargée de peu de matière [...], et qui, s'avançant par degrés vers sa fin, n'est soutenue que par les intérêts, les sentiments et les passions des personnages »?

● Dans quelle mesure peut-on appliquer aux personnages de *Phèdre* ce jugement de Thierry Maulnier : « Tandis que Corneille montre le tragique autour de l'homme..., Racine montre le tragique dans l'homme : ce qui fait le drame, qui porte les sentiments de Corneille, est dans Racine porté par eux »?

● En quel sens peut-on dire que *Phèdre* est la plus païenne des tragédies de Racine?

● Partagez-vous cette opinion de Thierry Maulnier : « *Phèdre* n'est pas inspirée par le jansénisme, et c'est en vain qu'on veut y découvrir les problèmes chrétiens, les scrupules chrétiens »?

● Originalité et convention dans le personnage d'Aricie.

● L'amour et ses fureurs d'Hermione à Phèdre.

● La couleur locale dans *Phèdre.*

● La poésie dans *Phèdre.*

● Croyez-vous à la sincérité de Racine écrivant dans la Préface de *Phèdre* qu'il n'a point fait de tragédie « où la vertu soit plus mise en jour que dans celle-ci » ?

● Le personnage de Phèdre éclipse tous les autres pour Paul Valéry, qui écrit : « Ils ne survivent pas, mais Elle survit. L'œuvre se réduit dans le souvenir à un monologue, et passe en moi de l'état dramatique initial à l'état lyrique pur. » Eprouvez-vous la même impression ?

● Appliquez à *Phèdre* cette remarque de Jean Giraudoux : « Une fois que le héros de Racine entre en scène, tous les ponts sont coupés derrière lui et, à sa première parole, il est condamné. »

● François Mauriac a écrit que l'œuvre de Racine, « la plus achevée qui soit dans notre littérature », « atteint dans *Phèdre* son achèvement ». Qu'en pensez-vous ?

TABLE DES MATIÈRES

IMPRIMERIE HÉRISSEY. — 27000 - Évreux.
Dépôt légal : Mars 1971. — N° 45160. — N° de série Éditeur : 14539.
IMPRIMÉ EN FRANCE *(Printed in France).* — 870 144 G-Mai 1988